KB151125

시골을 살리는
작은 학교

폐교 직전 되살아난 서하초의 기적

시골을 살리는 작은 학교

김지원
지음

남해의봄날

일러두기

1. '작은 학교'는 전교생 60명 이하의 초등학교와 중학교를 일컫습니다.

2. 본문에 등장하는 모든 인물은 실존 인물이지만, 일부는 가명을 사용했습니다.

목차

나의 리틀 포레스트

내 고향은 경북 청도군이다. 인구 5만 명이 안 되는 작은 농촌에서 성인이 되기 전까지 19년간 살았다. 면에 있던 고등학교 주변에는 면사무소, 시장, 보건 지소, 파출소, 농협이, 학교 밖으로는 드넓은 논이 펼쳐져 있었다. 한마디로 깡촌이었다. 학창 시절에 소풍은 경주로, 수학여행은 제주로 갔고, 서울은 대학 탐방을 할 때나 가끔 가곤 했다.

나는 고향의 자연 속에서 맘껏 뛰놀며 자랐다. 시골이긴 했지만, 배우고 싶은 건 학교에서 얼마든지 배울 수 있었다. 피아노, 발레, 합창, 연극, 가야금, 사물놀이, 색소폰, 태권도, 웅변까지. 학창 시절에 방과 후 활동으로 배운 것만 해도 족히 열 가지는 되는 것 같다. 그중 가장 기억에 남는 건 오랫동안 배운 연극과 오케스트라다. 친구들과 둘러앉아 해 질 무렵까지 연극 연습을 하는 토요일은 일주일 중 가장 기다려지는 날이었다. 열 살 무렵에는 학교에 오케스트라부가 생겼다. 우리 학교가 문화 예술 소외 지역에 있어, 도 교육청에서 악기를 지원해 준다고 했다. 대구에서 선생님 네 분도 오셨다. 바이올린, 첼로, 클라리넷, 플루트까지 원하는 걸 배울 수 있었다. 첼로부에 들어간 나는 꽤 오랜 기간 청도군의 몇 안 되는 꼬마 첼리스트로 활동했다. 연말 군민 회관에서 열리는 예술제에서 한 해 동안 쌓은 실력을 뽐내곤 했는데, 그날은 옆 학교 친구, 중학생 사촌 언니, 아랫집 공무원 아저씨, 윗집 사는 꽃집 이모를 한꺼번에 만날 수 있는 날이었다. 온 군민이 모이는 축제의 장이었던 것이다. 무대에서 친구들과 함께 준비한 놀부 연기와 첼로 연주를 훌륭하게 소화하고 나서 박수를 받은 순간은 아직도 꽤 선명하게 기억에 남아 있다.

수업이 끝나면 친구들과 한참을 강 따라 산 따라 뛰어놀았다. 대학에 입학한 뒤 동기들에게 이런 어린 시절 이야기를 하면 돌아오는 반응은 대체로 비슷했다. 〈웰컴 투 동막골〉이냐, 언제 적 이야기를 하고 있냐, 네가 무슨 쌍문동 덕선이냐 등. 같은 대학에 다니고 있었지만, 각자가 보낸 학창 시절은 많이 달랐다. 성인이 되고서야 비로소 깨달았다. 시골의 자연환경이, 이웃과 더불어 살았던 유년의 경험이 내 삶에 어떤 토양이 되어 주었는지.

몇 해 전, 한 책에서 이런 문장을 읽은 적이 있다.

하이마트(Heimat), 우리에겐 전자제품 판매점으로 더 널리 알려져 있지만 '고향'을 뜻하는 독일어다. 짧게 독일어를 공부할 때는 그저 '고향'이라고 외웠는데, 독일에서 잠시 지내고 독일에 대한 문헌을 읽으면서 하이마트는 그보다는 훨씬 심오한 뜻으로 사용된다는 사실을 알게 되었다. 독일 브로크하우스 백과사전에는 하이마트의 의미 중 하나로 '한 사람이 태어나 정체성과 성격, 정신 구조, 세계관 등을 주로 형성하게 되는 초기 사회화를 경험하는 장소, 또는 풍경'이라고 기재되어 있다고 한다.

〈친애하는 나의 민원인〉, 정명원, 한겨레출판(2021)

청도는 나의 '리틀 포레스트'였고, 나의 하이마트였다. 그곳에서의 기억은 지금도 내 삶의 뿌리가 되고 있다.

서울은 내가 상상한 것 이상으로 강렬한 도시였다. 집 밖에 나가기만 해도 볼거리, 먹을거리, 놀 거리가 즐비했다. 지하철은 또 얼마나 복잡한지. 나는 내가 누릴 수 있는 모든 최상의 사회적·경제적·문화적 기회를 제공하는 이 도시의 매력에 푹 빠졌다.

동시에 버겁기도 했다. 도시가 지닌 힘에 압도당했다고 해야 할까. 치일 정도로 많은 사람, 빽빽한 빌딩에 정신없이 울려 대는 경적. 내 몸 하나 기댈 수 있는 곳이라곤 학교 기숙사 방 한 칸뿐이었다. 이곳에서의 미래는 잘 그려지지 않았다. 치솟는 집값에 보금자리를 장만하는 것은 감히 상상도 할 수 없었다. 도시의 삶은 시골과 너무나도 달랐다.

서울은 한 해 한 해가 다르게 변화했다. 사람과 기업이 모이고, 자본이 집약되고, 치열한 경쟁이 펼쳐졌다. 집적된 공간에서 이루어지는 혁신을 동력 삼아 도시는 끊임없이 발전해 왔고, 또 발전하고 있다. 그사이 지방 도시, 내 고향 농촌 또한 한 해가 다르게 변화하고 있었다. 물론 변화의 방향은 정반대였다. 서울이 빠른 속도로 성장하는 동안 지방 도시는 그만큼, 아니 그보다 더 빠른 속도로 쇠퇴했다.

이렇게 대조적으로 변해 가는 도시 환경은 내 마음 한편에 이유 모를 불편함을 안겨 주었다. 처음엔 '지역 격차', '지역 불평등', '균형 발전' 같은 키워드를 애써 외면했다. 나의 하이마트인 시골의 초등학교가, 농촌이 어려워지는 건 시대의 자연스러운 흐름이라고 생각했다. 사회과학자가 아무리 막으려 해도 돌이킬 수 없는 거대한 흐름 말이다.

그런 내 앞에 시골의 한 작은 학교가 등장한 건 2020년 봄의 일이다. 내가 몸담은 연구실에서 폐교 위기에 놓인 서하초를 중심으로 한 농촌 활성화 프로젝트를 연구할 기회가 생긴 것이다. 처음 연구를 시작할 때만 해도 이 작은 학교의 이야기를 무시했다. 시골의 조그만 학교가 무슨 힘이 있다고 농촌을 살리겠느냐고 말이다. 어차피 몇 년 지나지 않아 원래대로 돌아갈 게 뻔하다고 넘겨

짚었다. 하지만 자세히 알아 나갈수록 이 프로젝트가 단순히 시골 초등학교 하나를 살리는 일이 아닐 수도 있겠다는 생각이 들었다. 어쩌면 이 작은 변화가 시골 마을의 미래를 만들어 나갈 마중물이 될지도 모른다는 기대와 설렘이 싹텄다.

이 책은 크게 3장으로 구성했다. 1장에는 '서하초 이야기'를 담았다. 폐교 직전에 처한 한 초등학교를 살리기 위해 힘을 모은 사람들을 인터뷰해 이야기를 재구성했다. 중요한 것은 이 과정이 단순히 마을 사람들의 염원만으로 일으킨 기적이 아니라는 사실이다. 폐교를 앞둔 학교는 무수히 많다. 그런데 서하초는 무엇이 달랐기에 그토록 큰 반향을 불러일으켰을까? 그 과정을 살피는 데 집중했다. 2장에서는 '서하초로 온 이들의 이야기', 즉 이주민의 이야기에 귀 기울였다. 이들은 왜 폐교 직전의 학교가 있는 시골 마을로 이사 왔을까. 송계마을에 새로이 터전을 잡은 서울 토박이 가족의 인터뷰를 정리했다. 마지막으로 3장에서는 도시계획 연구자의 시각에서 서하초 프로젝트의 의의를 되돌아보고 지속 가능성과 대안을 논한다. '서하초의 기적'으로 불리며 지역사회에서 널리 회자된 이들의 사례는 과연 지속 가능할까? 우리는 반짝 조명되었다 사라지는 수많은 사례를 봐 왔다. 서하초가 그런 시행착오를 겪지 않기 위해서, 또한 서하초를 모델 삼은 다른 여러 지역이 앞으로 살아남기 위해 필요한 것은 무엇일까?

인구의 절반이 수도권에 거주하는 탓에 지역 간 불균형이 심화되어 가는 나라에서 농촌의 미래를 진지하게 생각하는 사람은 많지 않은 것 같다. 국토의 균형 발전은 몇십 년째 우리 사회가 해결해야 할 과제였으나, 상황은 나아지지 않고 더욱 심각해져만 간다. 뾰족한 대안이 보이지 않는 농촌이 사라지지 않고 도시와 공존할 방법은 없을까? 수도권과 지방 대도시, 중소 도시와 농어촌 지역까지, 국토 공간은 서로 복잡하게 맞물려 있다. 시골 초등학교의 폐교나 지방 소멸은 결국 우리 사회 전체의 생존과 연결된다.

　　도시계획학 중에서도 나는 주로 적자생존의 법칙 아래 도태되는 공간에 자원을 재분배하고, 사회 전체의 편익을 극대화하는 계획을 연구하고 있다. 이 연구가 도시와 공존 가능한 농촌의 장밋빛 미래를 제시할 수 있을지는 아직 모르겠다. 하지만 명확한 사실은 우리 사회가, 더 많은 사람이 도농 관계에 관심을 가질 때 농촌은 생존에 대한 희망을 얻을 수 있으리라는 것이다. 그 실마리를 서하초등학교 이야기를 시작으로 풀어 나갈 수 있기를 바란다.

2023년 가을
김지원

1장

폐교 위기에서
지역의 희망으로,

서하초 이야기

마을이란 단어엔 왠지 따뜻함이 배어 있다. 옹기종기 모여 있는 소박한 집, 길을 따라 늘어선 가게, 평상 위 장기판을 마주한 심각한 표정의 어르신들과 그 옆을 조잘대며 지나가는 아이들, 저녁이면 밥 짓는 냄새가 그윽한 조그만 공동체. 농경 사회에서 인간은 미우나 고우나 이웃이 필요했고, 마을이 중요했다. 그 좁은 공동체에서 대를 이어 가며 관계가 형성됐고, 무수한 생애가 피고 졌다. 나는 지금도 시골 할머니 댁을 방문할 때마다 별의별 소식을 다 듣는다. 앞집 할머니네 손녀가 최근에 결혼했다더라, 누구네 손자가 마을 회관에 수박과 딸기를 사 왔다더라 하는 시시콜콜한 것까지 공유한다. 마을을 다니는 버스도 하루에 몇 대만 운행될 뿐이라 기사님과 주민 사이도 각별하다. 오늘은 장에 가서 뭘 사야 한다느니, 은행에 가서 뭘 해야 한다느니, 읍내로 가는 짧은 시간 버스 안에서는 온갖 이야기가 오간다.

학계에서는 마을의 개념을 다양하게 정의한다. 보통 '가옥을 기본단위로 하는 집합체'로 보고, 행정적으로는 주로 '행정리'로 간주한다. 농촌 주민들은 지금 시골이 예전과는 다르다고 이야기하지만, 여전히 농촌에는 공동체의 관습과 문화가 켜켜이 쌓여 있다. 도시에서 태어나 그곳을 벗어난 적이 없는 이들에게 마을은 한 번도 경험해 보지 못한 곳이다. 실제로 서울에선 마을이 잊힌 지 오래다. 마을을 단지로 대체하며 성장했기 때문이다. 누군가에게 서울의 대표 마을을 대 보라고 하면 북촌 '한옥마을'이나 반포 '서래마을', 이화동 '벽화마을' 정도를 말할 뿐이다. 마을의 의미를 공동체성에 둔다면, 오늘날 마을은 빠르게 사라지고 있다. 지금 태어나는 아이들은 '마을'이란 단어를 사전으로만 접하게 될지도 모른다.

2020년 봄, 지도교수님께 한 통의 전화를 받았다. 교수님은 경남 함양의 한 초등학교 이야기를 꺼내셨다. 마을 주민이 똘똘 뭉쳐 폐교 위기에 처한 초등학교를 살렸다는 이야기는 다소 뻔하게 느껴졌다. 오히려 흥미롭게 느껴진 지점은 이 이야기를 전해 준 사람이 한국토지주택공사(이하 LH) 경남지역본부의 지역균형개발부에서 일하는 정승태 부장이라는 것이었다. 정승태 부장은 예전에 교수님이 중소 도시 활성화 연구를 할 때 만나 안면이 있는 분이라 했다. 도대체 LH가 시골 초등학교와 무슨 연관이 있는 걸까. 사연이 궁금했지만, 여전히 큰 기대는 하지 않았다. 농촌의 작은 학교 살리기는 이전부터 시도되었고, 철 지난 이슈가 또 반복되겠거니 하는 마음이었다. 수많은 통계가 보여 주는 농촌의 암울한 현실에 나 또한 쓸쓸한 무력감을 느끼던 때였다. 출생률이 갈수록 낮아지면서 수도권 학교들도 문을 닫는 판국에, 이 거대한 흐름을 뒤집을 만한 이야기가 있을 거라는 생각은 들지 않았다.

　정부는 1982년부터 소규모 학교 통폐합 정책을 추진해 왔다. 교육 재정을 효율적으로 배분하기 위해서다. 소규모 학교가 많은 농촌은 반발했다. 폐교가 늘어나면 농촌도 붕괴할 수 있기 때문이다. 졸업생과 마을 주민을 주축으로 '작은 학교 살리기 운동'이 전국 곳곳에서 일어났다. 일부는 일시적으로 폐교를 막을 수 있었지만, 찰나의 기적에 불과했다. 인구가 밀집된 신도시가 아닌 바에야, 학령인구가 줄어들어 전국 곳곳의 학교가 문을 닫는 큰 흐름을 뒤집을 수는 없었다. 나 역시 시골 초등학교가 사라져 가는 것에 안타까운 마음이 들었지만 외면했다. 그때까지만 해도 초등학교는 농촌이 직면한 문제를 해결하는 데 그리 중요한 자원이 아니라고 생각했기 때문이다.

　서하초등학교의 사정도 마찬가지였다. 덕유산 산골에 위치한 함양군 서하면은 인구 1500명도 안 되는 시골이다. 이곳에 17개의 마을이 있다. 서하면 인구를 17개로 나누면 마을당 90명 정도지만 시골은 마을 간 인구 편차가 크다. 서하초등학교(이하 서하초)는 그중 송계마을에 있다. 송계마을에 '서하'초등학교가 있다는 건 이곳이 서하면을 대표하는 마을이란 뜻이기도 하다.

　대다수의 시골 초등학교가 그렇듯 서하초도 운영이 어려워졌다. 학생이 거의 없어서다. 초등학교에도 규모의 경제가 필요하다.

도시에선 아파트 단지를 새로 만들 때 가구 수로 얼추 4000세대(인구 1만 명)는 되어야 초등학교 하나가 배치된다. 인구가 1500명밖에 안 되는 서하면, 그것도 고령 인구 비율이 높은 시골에서 초등학교가 원활하게 운영될 리 없다. 서하초가 평균적인 초등학교의 모습을 갖추려면 서하면의 인구가 지금보다 6배 이상은 불어나야 한다.

시골의 많은 초등학교가 그렇듯 서하초 또한 역사와 전통을 자랑하는 곳이다. 1931년에 문을 연 이후 거의 한 세기 동안 살아남았다. 1970년대에 배출한 졸업생만 1000명에 이르렀다고 한다. 매해 100명 정도의 졸업생을 배출한 셈이다. 하지만 2000년대엔 재학생 수가 50명 아래로 줄었고, 2019년 말에는 급기야 14명까지 줄었다. 1학년 학생이 3명, 3학년은 2명, 4학년 4명, 5학년 1명, 6학년 4명이었다. 2학년생은 아예 없었다. 30년 만에 학생 수가 쪼그라들었다.

일반적으로 '작은 학교'의 기준은 전교생이 60명 이하인 곳이다. '작은 학교'라는 이름을 떼려면 한 학년에 10명은 되어야 한다. 60명 이하가 되면 학교 문을 닫든지, 인근 학교와 합쳐야 한다. 하지만 시골에는 이 기준을 적용하기 힘들다. 그냥 문을 닫았다간 초등학교 문턱도 넘지 못한 아이들이 생겨날 것이기 때문이다. 초등학교가 없어지면 젊은 학부모들은 지역을 떠날 수밖에 없다. 이들이 지역을 떠나면 마을에는 고령자만 남는다. 서하면에도 은행

마을의 운정초, 봉전마을의 봉전초, 송계마을의 서하초까지 3개의 초등학교가 있었지만, 학생 수가 줄면서 운정초와 봉전초는 각각 분교장으로 격하되었다. 그리고 분교가 된 지 얼마 지나지 않은 1995년에 운정분교장이, 1999년에는 봉전분교장이 차례로 문을 닫았다. 서하초는 서하면에 남은 유일한 초등학교가 되었다.

다행히 아무리 학생 수가 적은 시골 학교라도 소위 '1면 1교', 즉 하나의 면에 적어도 하나의 초등학교가 있어야 한다는 정책이 있다. 덕분에 서하초는 살아남았다. 하지만 1면 1교 정책에도 한계가 있다. 전교생이 10명 미만이 되면 대부분 분교로 격하된다. 분교에 지원되는 예산은 본교의 70~80%밖에 안 된다. 그러니 교육 환경이 열악해질 수밖에 없다. 분교로 강등되면 학생들도 떠나고 학교가 문을 닫는 건 시간문제다.

2019년 말, 서하초의 학생 중 4명은 졸업을 앞두고 있었고, 2020년 새 학기 신입생은 단 1명도 없었다. 이대로라면 2020학년도에 서하초는 전교생이 10명으로 줄어들 것이었다. 4학년과 6학년이 복식학급으로 편성되어 학급 수도 3학급으로 줄어들며 분교로 격하될 수밖에 없는 상황에 처한 것이다. 말 그대로 진퇴양난이었다. 이대로 두고만 볼 순 없었던 학교와 마을 주민은 서하초를 살리기 위한 '학생모심위원회'를 구성했다. 여기까지는 흔한 이야기다.

놀라운 일은 그다음에 벌어진 상황이다. 위원회는 도시 학부모를 대상으로 전국 설명회를 개최했는데, 이 설명회에 200여 명의 학부모가 참석했다. 그리고 그중 총 75가구가 전입을 원했다. 학부모를 제외한 아이들(영·유아 포함) 숫자만 144명에 달했다. 모두 받을 수 있는 여력이 없었기에 선정 기준을 정해야 했고, 결과적으로 7가구가 이사를 오고, 15명의 학생이 전·입학했다. 학교는 분교로 격하되는 것을 면했다. 서하초는 이전과 완전히 다른 모습으로 살아 돌아왔다. 학교만 되살아났을까. 일곱 가구가 마을로 이사 온 덕분에 함양군에만 무려 53명의 인구가 늘었다. 이 모든 일이 불과 한 달 만에 일어났다. 사람들은 이를 두고 '서하초의 기적'이라고 불렀다.

짧은 시간에 어떻게 이토록 많은 이들이 시골의 작은 학교에 관심을 보였을까? 대체 서하초에 무슨 일이 있었던 걸까.

생존의 기로에 있는 시골 초등학교

교육부는 2015년 지방 교육 재정 개혁을 단행했다. '전국 시도 교육청에 배분하는 보통교부금 산정 기준에서 학생 수의 비중을 강화하고, 소규모 학교 통폐합 시 지원하는 보조금을 대폭 확대하겠다'는 내용이었다. 소규모 학교 통폐합을 통해 학교를 적정 규모로 유지하고, 재정지출을 줄이고자 하는 취지였다. 교육부에서 각 교육청에 교부금을 배분할 때 학교 수, 학급 수, 학생 수를 기준으로 한다. 그런데 학생 수 비중을 늘리면 어떤 일이 벌어질까? 자연스레 학교가 적고 학생이 많은 수도권 교육청이 혜택을 받고, 학생이 적고 학교가 많은 지방 교육청은 불리한 처지가 될 수밖에 없다.

이에 더해 교육부는 소규모 학교를 통폐합하면 지원금을 확대하는 인센티브 강화 정책도 내놓았다. 이전까지 분교 폐교 시 10억 원을 지원하던 인센티브를 40억 원 이하로, 본교 폐교 시 초등학교는 30억 원에서 60억 원 이하, 중학교는 100억 원에서 110억 원 이하로 증액하겠다는 내용이었다. 최근 들어서는 교육부에서 작은 학교 살리기 및 활성화를 위한 일부 정책 지원을 하기도 하지만, 소규모 학교 통폐합에 대한 정책 기조는 여전히 유지되고 있다.

교육적 측면에서는 지역적으로 학령인구 감소가 뚜렷했던 30여 년 전 대응책은 학교 통폐합이었다. 그동안 5000개가 넘는 학교가 통폐합되었으며, 2018년 교육통계에 의하면 통폐합 대상으로 검토되는 60명 이하의 초등학교는 전남 49%, 강원 48%, 경북 44%, 전북 43%이며, 충북, 충남, 경북도 35% 이상이다. 학생 수 60명 이하의 중학교가 전체의 40% 이상인 도는 전남, 강원, 경북 등이다. 2018년 기준 면 소재 초등학교 수는 1552개 교로 면당 1.3개 초등학교가 있는 셈이며, 면에 학교가 1개도 없는 지역이 있다. 이제는 더 이상 학교를 줄일 수 없는 한계 상황이면서 수를 기반으로 한 정책적 대응을 벗어나 교육의 본질에 충실한 다양한 교육적 요구가 증대되고 있는 상황이다.

'학교폐교 사례를 통한 지방소멸에 대한 경험적 분석', 정민석, <한국정책연구> 제20권 제1호 (2020)

학령인구가 꾸준히 감소하고 젊은 사람들이 농촌을 떠나는 마당에 교육부까지 나서서 폐교를 장려하고 있으니 상당수의 시골 학교는 구조적으로 어려운 위치에 놓일 수밖에 없다. 학교가 문을 닫으면 마을의 운명은 어떻게 될까. 젊은 사람들이 더는 들어오지 않고, 고령자만 남은 마을의 쇠퇴를 우리는 어렵지 않게 짐작할 수 있다.

사라진 학교들은 어떻게 될까

학교는 건물도 크고 운동장도 딸려 있다. 학교가 수명을 다하면 큰 땅이 비어 버린다. 이걸 그대로 두면 주변이 흉흉해지는 건 시간문제다. 학령인구가 줄며 폐교가 늘어나자 교육부에선 '폐교 활용법'을 만들었다. 문을 닫은 학교를 다른 용도로 사용하고자 하는 이들에게 팔기도 하고, 때로는 개인이나 공공기관에 빌려주기도 한다. 폐교는 크게 '매각된 폐교'와 '교육청이 보유하고 있는 폐교'로 나뉜다. 전체 폐교 중 66% 정도는 민간에 매각되었고, 나머지 34% 정도는 여전히 교육청 소속이다.

물론 아무에게, 아무렇게나 학교를 팔아 치우지는 않는다. 가능한 한 공적인 역할을 할 수 있도록 용도를 제한한다. 교육부는 폐교 활용 우수 사례 책자도 펴냈다. 강원도 화천초 율대분교는 '숲속 예술 학교'로, 충남 금강초는 '금강 생태 체험 학습장'으로, 전북 공진초는 '인터넷 중독 치료 학교'로 활용되고 있다. 이 폐교들은 교육장으로 변한 대표 사례다. 복지시설로 변모한 곳도 있다. 강원 주천초 결운분교는 '사회복지 시설'로, 경남 대산초 부목분교는 '장애인 종합 복지 타운'으로 사용되고 있다. 박물관, 미술관, 인형 극장, 영화 세트장, 미술관, 해양 전시관, 예술촌, 창작 스튜디오, 아트 센터 등 다양한 문화 시설로 탈바꿈한 곳도 여럿이다.

이미 오래전부터 폐교는 개발업자 사이에서 꽤 쏠쏠한 사업 아이템이다. 정부는 지난 2020년 6월부터 폐교 리모델링 규제를 완화하기도 했다. 임대료를 감면하면서 지원책을 강화한 것이다. 그래서 매각 대상인 폐교 건물과 부지가 경매 입찰에 올라오면 예상보다 훨씬 높은 가격에 낙찰되기도 한다. 문을 닫은 학교는 과거와 약간 다른 모습으로 변하거나 완전히 변신한다. 어떤 용도로 활용되든, 학교는 예전보다 주민의 일상과 덜 밀접해질 수밖에 없다.

전화를 받고 일주일 뒤 나는 함양으로 향했다. 서하초 이야기를 처음 소개한 LH의 정승태 부장과 함께였다. 직접 눈으로 보고 궁금한 점을 확인할 요량이었다. 이른 아침에 용산역에서 출발해 KTX를 타고 2시간을 달려 남원역에 도착했다. 함양군에는 기차역이 없다. 가장 가까운 KTX 역인 남원역에서 광주대구고속도로를 따라 40분은 더 가야 한다. 미리 빌려 둔 렌터카를 타고 서하초로 향했다. 남원에서 함양으로 가는 동안 보이는 풍경은 온통 녹색뿐이었다. 우리는 시골로 답사를 갈 때마다 시간이 유독 느리게 가는 것 같다는 농담 반 진담 반 얘기를 주고받았지만, 마냥 웃을 수만은 없었다. 서울 공기와는 전혀 달랐기 때문이다. 차를 타고 지나가기만 해도 어려워지고 있는 시골의 분위기가 그대로 전해졌다. 고요함, 쓸쓸함, 허전함, 그 사이 어디쯤인가. 그날은 유독 시골 특유의 적막감이 묵직하게 다가왔다. 마치 시간이 멈춰 버린 곳에 온 듯한 기분이 들었다.

　함양읍에서 송계마을로 가는 길목에서는 그런 분위기가 뚜렷하게 느껴졌다. 주말 낮이었지만, 지나다니는 차는 우리를 포함한 화물차 몇 대뿐이었다. 가는 길에는 농공단지, 산업단지 몇 군데도 있었다. 그러나 언뜻 봐도 낡은 공장 두어 곳만이 자리를 지키고 있을 뿐이었다. '기업 대환영', '파격 분양' 등의 문구가 쓰인 현수막이 휘날리고 있었고 곳곳에 위치한 마을도 지나치게 고요했다. 과소화 마을의 쇠퇴는 현실이었다.

함양은 경남에서도 변두리다. 아마 도시에서 벗어난 적이 없는 이들은 위치를 잘 모를 수도 있겠다. 함양군이나, 함평군이나, 함안군이나, 합천군이나 다 똑같은 시골로만 알고 있을 뿐, 위치나 규모를 모르는 사람이 생각보다 많다. 나 역시 그랬으니까.

인구 4만 명이 안 되는 소규모 농촌 지역인 함양군은 경남 서북부에 위치하며, 관내 1개의 읍, 10개의 면부가 있다. 남쪽은 지리산으로, 북쪽은 덕유산으로 둘러싸여 있다. 백운산, 황석산, 대봉산, 거망산, 월봉산 등 주변이 온통 산뿐이다. 총면적의 무려 80%가 산지다. 군에는 낙동강 지류인 남강이 흐르고 고운 최치원 선생이 조성한 상림공원과 화림동계곡, 용추계곡도 있다. 이렇게 풍광이 뛰어난 곳이 많지만, 사실 나는 다 몰랐던 곳들이다. 함양에 대해서 아는 거라곤 어릴 적 가족과 여행을 다니면서 들른 함양 휴게소 정도였다. 특산물인 산양삼 생산량이 전국 1위지만, 이런 임업이나 농업도 이젠 경쟁력이 없어졌다. 주민들은 주로 서비스업, 자영업 등 소규모 영세업에 종사하고 있다.

함양군도 인구 12만 명을 자랑하던 때가 있었다. 1970년대만 해도 총인구가 약 11만 명에 육박했다. 하지만 1980년대에 들어 8만 2700여 명, 1990년대에는 5만 5100여 명, 2000년대에는 4만 6500여 명, 2010년에 이르러서는 4만 1600여 명으로 줄어들었다. 지난 50년간 무려 64%나 감소한 것이다.

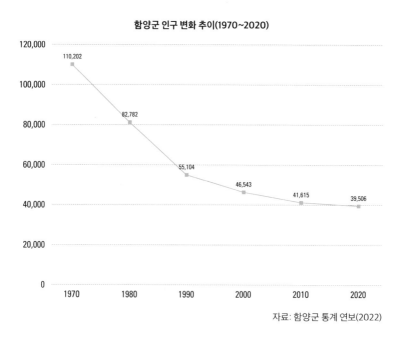

함양군 인구 변화 추이(1970~2020)

자료: 함양군 통계 연보(2022)

여느 농촌과 마찬가지로 함양군도 인구 감소를 막으려 부단히 애써 왔다. 2010년대 초반까지만 하더라도 인구가 줄어들 대로 줄어들었지만, 4만 명 선은 지키고 있다는 나름의 자부심이 있었다. 그러나 몇 년 새 지방 소멸의 흐름은 더 거세졌다. 4만 선이 붕괴할 조짐이 보이자 관내 '4만 사수' 인구 경보가 발령됐다.

군은 4만 명이 군민의 '심리적 저지선'이자 '마지노선'이라며 인구 사수에 나섰다. 인구 지키기 전담 부서를 만들고, '관내 11개 읍면에 상황판을 설치하고, 인구 4만 지키기에 총력을 기울이겠다'고 선포했다. '인구 늘리기 추진 유공 군민 인센티브 지원 사업'도 추진했다. 관내 전입을 추진하는 군민에게 포상금을 지급하겠다는 것이다. 5명 이상은 50만 원, 10명 이상은 무려 100만 원의 포상금을 지급하기로 했다. 그러나 이러한 군의 노력에도 지난 2019년 결국 지역의 마지막 자존심이 무너지고 말았다.

군은 그동안 '자연 감소분'에 따른 감소율이 지속될 경우 머잖아 인구 4만 명 선이 붕괴될 수 있다고 보고, 정책 발굴·조례 개정 등을 통한 늘리기 대책을 적극 수립해 마지노선인 4만 선을 사수해 왔으나 4만 명 붕괴로 적잖은 충격을 받게 됐다.

'함양, 12년 동안 유지한 인구 4만명 무너졌다', 권선형, 서부경남신문, 2019. 3. 11

4만 명 이하로 인구가 줄어들자 비상 체제에 돌입한 군에서는 다양한 인구 늘리기 시책을 내놓았다. 첫째를 낳으면 출산 장려금 100만 원, 둘째는 200만 원, 셋째 이상은 1000만 원을 지급하기로 했다. 2022년 1월 1일 이후 출생아 1인당 200만 원의 '첫만남이용권'도 지원하며, 관내 주소를 두고 관할 소재 고등학교에 다니는 고등학생에게 학자금 전액을 지원하기로 했다. 세대원 수에 따라 최대 100만 원의 전입 장려금 지급, 주택 수선 자금 최대 300만 원 지급 대책도 내세웠다. 이제는 3만 8000명을 지켜야 한다며 '내 고장 주소 갖기' 운동도 추진했다.

하지만 이런 노력에도 상황은 쉽게 바뀌지 않았다. 2022년 8월 국토교통부 국토지리정보원이 발표한 '2021년 국토조사 보고서'에 따르면, 전국 인구 과소 지역 중 경남에서 함양군만 유일하게 인구 과소 비율 40%를 초과했다. 인구 과소 지역은 인구 규모가 적어 지역 공동체 기능을 유지하기 어려울 것으로 예상되는 지역으로, 국토를 가로세로 500m 격자로 구획화한 후 해당 지역 거주 인구가 5인 이하인 곳을 기준으로 한다. 이 비율이 높다는 건 단위면적당 인구가 줄었음을 의미한다. 쉽게 말해 함양 곳곳의 인구밀도가 낮아지고 있다는 이야기다. 밀도가 낮아지면 지역의 활력도 덩달아 줄어든다. 전국 평균이 22%, 경남 평균이 32%인 데 반해 함양군은 그보다 10% 정도 높다. 인구밀도가 낮은 데다 지역 주민의 약 37%가 65세 이상 고령 인구다.

함양군이 심각한 편이라고는 하지만 다른 지역의 상황도 크게 다르지 않다. 지난 2021년 10월 전국 229개 시·군·구 가운데 행정안전부가 인구감소지역으로 지정한 지역은 89곳에 이른다. 그중 전남(16)과 경북(16)이 가장 많고, 강원(12), 경남(11), 전북(10)이 뒤를 잇는다. 수도권을 제외한 지방 도시 대부분이 인구감소지역으로 지정됐다. 인구 절벽의 직격타는 시골 마을이 가장 먼저 맞고 있다.

마을이 비어 간다

서하면은 함양군 10개의 면부 중에서도 가장 규모가 작다. 서하면이 속한 함양 북부 권역(서상·안의·서하)에는 예로부터 이름 있는 영남 지역의 양반들이 많이 정착해서 살았다고 한다. 그래서인지 경상도에는 '좌안동 우함양'이라는 말이 전해져 온다. 1970년 당

서하면 인구 변화 추이(1970~2020)

- 1970: 6,007
- 1980: 4,137
- 1990: 2,218
- 2000: 1,742
- 2010: 1,211
- 2020: 1,350

자료: KOSIS 국가통계포털 인구총조사(1970~2020)

시 6000여 명 규모를 자랑했지만, 현재는 1400여 명 정도로, 지난 50년 동안 서하면의 인구는 거의 4분의 1로 줄었다.

우리는 목적지인 송계마을에 도착했다. 117가구, 215명가량의 주민이 살고 있는 아주 작은 마을로, 둘러보는 데 10분이면 충분하다. 마을의 번화가에 보이는 번듯한 건물은 면사무소, 우체국, 보건 지소 정도가 전부였고, 관리가 전혀 되지 않는 빈집과 빈터도 많이 보였다. 주변과 어울리지 않는 새 건물이 딱 하나 있었는데, 함양군이 농림축산식품부의 '농촌 중심지 활성화 사업'에 선정되면서 지은 100세 공동복지문화센터였다. 번듯한 새 건물이라 시설이 좋아 보였지만, 형광등 하나 켜지지 않았다. 센터 반대편에는 마을에 하나뿐인 카페 '길다방'이 있었다. 몇십 년 전만 해도 시끌벅적했겠지만, 지금은 문을 닫았다. 마을을 다니는 사람이라곤 우리 일행뿐이었다. 그날 마주친 사람은 오토바이를 타고 우리를 힐끔 보며 지나가는 할아버지 몇 분이 다였다. 그 잠깐으로도 시골 마을의 쇠퇴가 가속화되는 현실을 직면한 듯했다.

서하초는 번화가에서 걸어서 5분 거리에 있다. 정문에 들어서면 100년도 더 된 수양벚나무가 학교를 지키고 있다. 대부분의 도시 운동장에는 인조 잔디가 깔려 있지만, 여기는 아직 흙 운동장이었다. 운동장 한가운데 서서 360도 돌아봐도 주변이 온통 논밭뿐이다. 도시에 '초품아(초등학교를 품은 아파트)'가 있다면 이곳은 '초품밭(초등학교를 품은 밭)'이 어울리겠다. 서하초는 그중에서도 명품에 속하는 '인삼밭'세권에 있다. 정승태 부장은 학교 앞에 있는 인삼밭 부지에 전학 가구를 위한 주택단지가 조성될 것이라고 설명했다.

이사를 결정한 사람들이 큰 마트 하나 없는 이곳을 불편해하지 않을까? 무엇을 보고 이주를 결심했을까? 그때까지만 해도 나는 서하초 프로젝트에 대해 잘 몰랐다. 그날부터 본격적으로 이 이야기에 관계된 이들과의 인터뷰를 준비했다. 여러 번 함양을 방문해 서하초 살리기와 연관된 사람들을 만나면서 질문하고 대화했다. 인터뷰를 진행하면서 이 프로젝트를 대하는 나의 태도 또한 점점 달라졌다.

시골 초등학교 교장의 사정

신귀자 교장　시골 마을에 초등학교 폐교 결정은 사망 선고
나 다름없어요. 학교가 없어지면 더는 젊은 사람들이 마
을에 들어오지 않고 노인들만 남겠죠. 결국 마을이 사라
지는 건 시간문제예요.

사람들은 항상 누리고 있을 땐 모르고 옆에 있던 것이 없어진 뒤
에야 그게 얼마나 큰 부분을 차지했는지 깨닫곤 한다. 시골 마을
초등학교도 그렇다. 초등학교가 하나둘 없어지고 나서야, 그게 마
을을 지탱하는 데 얼마나 중요한 역할을 했는지 체감한다. 아이
가 없다는 건 남은 주민들끼리 어떻게든 마을을 꾸려 나가야 한
다는 뜻이고, 이들이 나이가 들어 세상을 뜨면 더 이상 마을을 이
어 갈 사람이 없다는 뜻이기도 하다. 폐교는 그 시작을 알리는 사
망 선고나 다름없다.

　시골 마을에 폐교가 쏟아져 나오고 있다. 지방교육재정알리미
에 따르면, 2023년 3월 1일 기준, 1970년 이후로 전국에서 3922개
의 초·중·고등학교가 문을 닫았다. 폐교 수로만 보면 전남(839개 교)
에서 가장 많은 학교가 사라졌다. 그다음으로는 경북(737개 교), 경

남(585개 교), 강원(479개 교), 전북(327개 교)이 뒤를 이었다. 문제는 폐교의 증가세가 심상치 않다는 점이다. 폐교가 발생하는 원인은 크게 두 가지다. 하나는 학령인구가 꾸준히 감소하기 때문이다. 이는 우리 사회의 저출생 현상과 관련 있다. 둘째는 젊은 인구가 농촌을 떠나 대도시로 이동하기 때문이다. 이 두 가지 큰 흐름이 합쳐지면? 시골 학교는 견딜 재간이 없다.

신귀자 교장은 이 막막하고도 냉정한 현실 앞에서 어떻게든 방법을 찾고 싶어 했다. 함양 토박이인 그는 인근 진주에서 대학을 졸업하고 1983년 교편을 잡았다. 새내기 교사이던 그가 처음 발령받은 곳은 서하면에 있는 운정초등학교였다. 그에게 잊을 수 없는 추억을 안겨 준 운정초는 1995년 문을 닫았다. 폐교된 학교를 경상대학교가 매입해 현재는 교직원과 학생을 위한 '운정연수원'으로 사용하고 있다.

오랜 기간 함양 지역에서 교직 생활을 해 온 신귀자 교장은 꼭 고향에서 교직을 마무리하고 싶다는 바람이 있었다. 평교사에서 교감이 될 때도 그 꿈을 잊은 적이 없다. 새내기 교사로 운정초에서 아이들과 보낸 1년의 시간은 교직 생활 내내 그에게 소중한 기억이었다. 그래서 더더욱 퇴직을 앞둔 신 교장은 학생 수가 줄어들며 어려워진 고향의 초등학교가 눈에 밟혔다.

2015년 9월 1일, 그가 다시 서하로 돌아왔다. 서하초 '작은 학교 살리기' 공모제 교장 모집에 자원해 선정된 것이다. 공모 교장제는 일반적인 교장 임명 방식과는 다르다. 대개는 교감, 장학관 등 교장 자격증 소지자 가운데 승진 후보자 순위에 따라 교장을 임명한다. 공모 교장은 개별 학교에서 교장 후보자를 공개 모집하고, 지원자 가운데 심사를 거쳐 선발하는 제도다. 마침 서하초에서 작은 학교 살리기 공모제 교장을 모집하던 참이었다. 신 교장에게는 절호의 기회였다.

처음 작은 학교 살리기 공모 교장으로 서하초에 발령받은 그의 임기는 4년이었다. 부임 후 신 교장은 어떻게든 학교를 살려 보겠다고 부단히 애썼다. 교과과정을 바꾸고, 학생 맞춤형으로 학교 분위기를 탈바꿈했다. 신 교장과 교직원의 노력으로 서하초는 2017년 '100대 교육과정 우수 학교'에 선정되기도 했다. 전국에서 15개 학교만 선정하는 우수 학교에 전교생 20여 명을 겨우 웃도는 서하초가 선정되었으니 나름 뿌듯함과 성취감을 느꼈다. 우수한 교육 가치를 지닌 학교인 만큼 누군가는 알아봐 줄 거라는 기대도 했다. 하지만 현실은 쉽게 달라지지 않았다. 많은 노력을 기울였지만 학생 수는 제자리걸음이었다. 4년 동안 학생이 늘기는커녕 오히려 줄었다. 4년이 그렇게 허무하게 갔다. 공모 교장의 임기가 끝났지만, 신 교장은 쉽사리 그만둘 수 없었다. 부임할 당시 마을 주민들에게 학교를 살리겠다고 약속했지만, 지키지 못했기 때문이다. 이대로 다른 학교로 갈 수는 없었다.

신귀자 교장   학교를 살리기 위해 교직원들과 정말 많이 노력했어요. 하지만 4년 동안 공모제 교장으로 있으면서 학생들이 더 많이 오기는커녕 계속 줄어들었어요. 작은 학교의 노력만으로 해결할 수 있는 문제가 아니더라고요. 이런 상황에서 제 임기가 만료되었다고 그냥 나갈 수는 없었어요. '작은 학교 살리기' 공모 교장으로 왔는데, 온 목적도 달성하지 못한 거니까요.

저출산, 고령화, 대도시권화 등 우리 사회의 거대한 흐름 앞에서 시골 마을 작은 초등학교의 의지만으로 무슨 일을 할 수 있을까. 서하초는 휘몰아치는 바람 앞에 놓인 촛불에 불과했다. 그렇지만 신 교장은 이대로 포기하고 싶지 않았다. 2019년 9월, 그는 다시 서하초 발령 교장으로 임명받았다.

분교의 갈림길에서

2019년 11월 중순경, 학교의 수명이 다했다는 무언의 공감대가
절정에 달했다. 당시 서하초 전교생은 1학년 3명, 3학년 2명, 4학
년 4명, 5학년 1명, 6학년 4명이었는데, 이듬해 6학년 학생이 졸업
하면 고작 10명만 남을 상황에 처한 것이다. 전교생이 10명 이하
가 되면 '1면 1교 원칙'도 적용할 수 없다. 서하초는 서하면을 대표
하는 학교라 이제껏 살아남았지만, 이제는 서하면에 초등학교가
하나는 있어야 한다는 당위성도 지킬 수 없는 것이다. 전학생은커
녕 당장 다음 학기에 새롭게 입학할 학생도 없었다. 3월 새 학기
가 시작되기 전에 새 학생이 들어오지 않으면, 서하초가 분교로
격하될 수밖에 없는 처지였다. 신 교장이 그렇게 우려했던 상황
이 결국 현실로 다가오고야 만 것이다. 서하면 마을에는 학부모가
될 사람도 거의 없었다. 그러니 학생은 다른 지역에서 끌어와야
했다.

신귀자 교장　이대로라면 우리 학교가 분교가 될 거라고 생
　각은 했어요. 어떻게든 그것만은 막아야겠다는 마음뿐
　이었어요. 학교가 사라지면 마을에 더는 젊은 사람이 들

어오지 않잖아요.

죽으라는 법은 없다고 했던가. 2019년 11월, 때마침 안의초를 중심학교로, 서하초와 수동초가 '광역통학구역'으로 지정되었다. 광역통학구역은 과대 학교나 과밀 학교 문제를 해결하기 위해 등장한 제도다. 광역통학구역으로 지정되면 학교와 학교 간 직선 거리 15km 이내에서 규모가 큰 학교를 중심학교로 정해, 큰 학교의 학생들이 주소를 이전하지 않아도 인근의 작은 학교에 전·입학이 가능하다. 거리 기준은 지역마다 조금씩 차이가 있지만, 어쨌거나 광역통학구역 지정으로 가까운 안의면에 사는 아이들도 마음만 먹으면 서하초에 다닐 수 있게 되었다. 신 교장은 이 방법으로 6학급을 복원하려고 했다. 그때까지만 해도 이 방법이 서하초가 잡을 수 있는 마지막 동아줄이라고 생각했다.

신귀자 교장 15분 거리에 안의면이 있어요. 거기 위치한 안의초등학교는 학생 수가 100명 정도 되죠. 광역통학구역으로 지정되면서 안의에 있는 학생들이 우리 학교로 오면 되지 않을까 싶었어요. 안의에 있는 학생들이 등교할 수 있도록 통학 버스를 운영하면 충분히 가능할 것 같더라고요. 혜택을 마련하고 학부모를 초청해 설명회를 해야겠다고 생각했어요.

좁은 지역사회에서는 인맥과 입소문이 중요하다. 관내 귀촌·귀농 학부모를 대상으로 설명회를 개최하기로 결정하고 신귀자 교장이 가장 먼저 한 일은 지역의 여러 인사를 만나 서하초의 위기를 전하고 도움을 청하는 것이었다. 농촌 활동가 장원 소장도 그중 한 사람이었다. 본래 환경 활동가이던 그는 2010년 서하면으로 귀촌하면서 다양한 농촌 지역 살리기 운동을 해 왔다. 서하면에 있는 폐교된 봉전초 교사를 '다볕자연연수원'으로 탈바꿈시킨 것도 그였다. 마을 기획자도, 실행에 옮길 인력도 부족한 시골 마을에서 장원 소장은 지역의 인재였다. 서하초 작은 학교 살리기 공모 교장 심사 위원이었던 그는 신귀자 교장과 안면이 있었다. 신 교장은 종종 그와 만나 서하초에 대한 고민을 나누곤 했다.

신귀자 교장　장원 소장님과는 평소에도 서하초에 대해 자주 이야기를 나눠 왔어요. 서하초를 살려야 한다는 생각을 공유하고 있었죠. 이젠 정말 위기라고 이야기하면서, 안의면 학부모를 대상으로 설명회를 준비하고 있다는 말을 했어요. 그 얘기를 들은 장원 소장님이 안의면 학부모가 아니라, 전국 학부모를 대상으로 설명회를 해 보자고 말씀하시더라고요.

그 말을 시작으로 준비하고 있던 관내 학부모 대상 설명회 계획이 변화의 급물살을 탔다. 장원 소장은 당시 상황을 이렇게 설명했다.

장원 소장 함양군 내에서 설명회를 하는 건 한계가 있다고 생각했어요. 지역 학교끼리 제로섬 게임이 될 뿐이니까요. 남원이나 진주가 가깝긴 하지만 그런 도시에서 누가 오겠냐는 생각이 들더라고요. 의미가 없을 것 같았죠. 할 거면 전국을 대상으로 학교 살리기를 해야 한다는 생각이 들었어요. 서하와 같은 환경에서 아이들을 키우고 싶어 하는, 귀농·귀촌을 꿈꾸는 도시 학부모들의 이목을 충분히 끌 수 있을 거라 확신했어요.

가까운 곳의 학생을 끌어오는 것도 만만치 않은데 전국의 학부모를 대상으로 한 설명회라니. 이 작은 시골 마을까지 올 학부모가 과연 있을까? 신귀자 교장도 처음엔 반신반의했다. 하지만 장원 소장의 말을 들을수록, 성공한다면 서하초가 살아날 수 있을 거란 예감이 들었다.

장원 소장은 A4 용지 세 장에 '서하초등학교 학생 모심에 관한 몇 가지 생각'의 내용을 정리해 신 교장에게 제안했다. 예상보다 더 파격적이고 급진적인 제안이 논의 선상에 올랐다.

서하초등학교 학생 모심에 관한 몇 가지 생각

1. 서하초 학생모심위원회 구성 필요(총 10명 내외)

2. 논의 사항
   - 학생들을 서하초로 전학시키거나 입학시키는 경우 제공할 혜택은 무엇인가
   - 이를 실현하기 위한 교육, 일자리, 주택, 재정 등 제반 문제를 어떻게 해결할 것인가
   - 학교 자체 노력만으로는 한계가 있으므로 외부 지원을 이끌어 낼 방안을 모색

3. 구체 안건
   - 학부모 일자리 제공
   - 주거지 알선
   - 귀농·귀촌 혜택
   - 서하초 현황 및 전인 교육 소개
   - 전문가 특별 교육 및 공연
   - 재정 확보
   - 언론 홍보, 자체 홍보
   - 선발 과정 등

신 교장의 눈에 가장 먼저 띈 건 '주거지 알선'과 '일자리 제공'이었다. 장원 소장은 입학 가구를 위해 학교 인근 소재 주택이나 귀농·귀촌 임대 단지 등 주거지를 알선하자고 주장했다. 자녀를 초등학교에 입학시키기 위해 이주한 가정에 집을 제공하는 것이 가능할까? 주거지 지원은 상상만으로도 판의 크기가 달라지는 듯한 느낌이었다. 더욱이 이 골짜기 마을에서 살 만한 집을 찾는 것도 일이었다. 마을 사람들을 설득하고 재원을 마련할 필요도 있었기 때문에 신 교장의 의지만으로 할 수 있는 일도 아니었다.

다음 날 신 교장은 교직원에게 장원 소장의 제안을 공유했다. 교직원들도 처음엔 황당할 정도로 파격적인 내용에 의문을 감추지 못했다. 하지만 여러 의견이 오가는 동안 조금씩 긍정적인 기류가 생겨났다. 아이디어가 오갔고, 무엇보다 '정말 마지막 기회이니 할 수 있는 건 뭐라도 해 보자'라는 의견이 힘을 얻었다. 다행히 마을 주민들도 서하초 살리기에 호의적이었기에 빈집을 제공하는 것은 가능성이 있어 보였다. 그렇다 해도 넘어야 할 산이 한두 가지가 아니었다. 빈집을 확보하고 재원을 마련하는 것부터 지금 당장 시작해도 시간이 부족했다. 새 학기가 시작되기까지 불과 석 달밖에 남지 않았다. 이렇게까지 했는데 학생 수가 늘지 않으면 어쩌나 하는 걱정도 앞섰다. 그러나 이미 엔진이 작동하고 있었다. 가능성에 대한 희망만으로도 사람들은 가슴이 두근거리는 걸 느꼈다.

신귀자 교장 우리는 이미 마음의 준비가 되어 있는 상태여서 '일단 해 보자'로 의견이 모였던 것 같아요. 우리가 시작하면, 분명 함께해 줄 사람들이 있을 거라고 생각했죠. 저마다 서하초에 대한 자부심이 있었던 것 같아요. 교직원 모두 우리 학교가 아이들이 다니기 좋은 학교이기 때문에 이대로 분교가 될 수는 없다고 생각했거든요.

그렇게 해서 지역을 대상으로 준비하던 설명회의 판이 커졌다. 이제 전국 초등학생 학부모를 대상으로 한 설명회를 준비하기 시작했다.

학교를 지키기 위해 뭉친 사람들

신 교장은 주변 동료 교장들에게 서하초 살리기 프로젝트를 시작하겠다는 소식을 알렸다. 그러나 돌아오는 반응은 냉담했다. 모두가 유별난 짓이라고 말렸다. 응원까지 바란 건 아니었지만, 그런 반응을 보이는 것이 섭섭하게 느껴지기도 했다. 하지만 신 교장은 크게 개의치 않았다.

신귀자 교장 처음 서하초에서 이런 것들을 해 볼 거라고 주변 동료들에게 이야기했는데, 별의별 소리를 다 들었어요. 모두가 말리더라고요. 그거 한다고 뭐가 달라지겠냐, 그냥 조용히 있다가 은퇴하지, 무슨 일을 벌이려고 하냐. 대체로 이런 반응이었어요. 그래도 상관하지 않았어요. 그때 저한테는 분교가 되는 것을 막는 게 제일 중요했거든요. 그것 말고는 신경 쓰지 않으려고 했죠.

신 교장의 고군분투를 응원하는 이들은 따로 있었다. 서하면 주민과 서하초의 졸업생이었다. 이번에는 진짜 학교가 사라질 수 있다는 위기감이 전해진 걸까. 총 동창회가 앞장섰고, 전국 각지에서 '분교만은 막아 달라', '어떻게든 힘을 보태겠다'며 학교로 연락해 왔다. 학교만 고군분투하던 이전과는 다를 거라는 예감이 들었다.

　주민과 졸업생들이 힘을 모아 분교나 폐교 위기를 이겨 낸 사례는 이전에도 있었다. 2000년 폐교 위기를 맞은 경기도 광주 남한산초가 대표적이다. 학교를 살리기 위해 학교와 학부모, 졸업생, 마을 주민이 힘을 합쳤다. 그 덕에 당시 전교생이 26명, 3학급에 불과했던 남한산초는 이제 전교생이 92명에 이르는 꽤 큰 학교로 탈바꿈했다. 이외에도 아산 거산초, 완주 삼우초, 상주 남부초 등 이전부터 시골 마을의 '작은 학교 살리기' 운동 중심에는 항상 마을 주민과 마을을 떠난 졸업생이 있었다. 서하초의 위기를 가장 강하게 느꼈던 이들도 결국 마을 주민과 졸업생이었다. 마을을 떠난 지 수십 년이 흘렀어도 졸업생 마음에 마을 하나뿐인 초등학교의 의미는 각별했다. 학교가 문을 닫으면 마을의 시간이 멈출 수도 있다는 사실을 알고 발 벗고 나선 사람들의 이유는 한결같았다. 서하초의 정대훈 동창회장과 송계마을의 유태성 이장도 비슷한 마음이었을 것이다.

정대훈 회장　서하초가 폐교될 수도 있다는 소식을 듣자마자 '올 게 왔구나' 생각했어요. 언젠가는 폐교될 거라고 예상은 했지만, 그걸 보고 싶지 않은 게 졸업생의 마음이 아니겠습니까. 아마 전국 대부분 시골 학교 졸업생은 비슷한 마음일 거예요. 초대 동문회장부터 저까지, 모두 적극적으로 나설 수 있었던 건 학교에 대한 애정 때문이었죠.

유태성 이장 그렇지 않아도 이미 노인만 남은 마을이잖아요. 여기에 학교가 없어지면 동네가 더 삭막하고 쓸쓸해질 수밖에 없어요. 시골에는 학교가 있고 없고의 차이가 커요. 또 제가 졸업한 모교이고, 우리 자식들이 나온 학교거든요. 우리 가족뿐만 아니라, 마을 사람한테도 남다른 의미가 있어요. 서하초에는 지난 수십 년 동안 이어 온 마을의 흔적이 담겨 있어요. 학교를 중심으로 많은 사람이 나서 주니까 마을 주민도 뭐라도 할 수 있는 건 해 보자는 마음이었죠.

어느 마을이건 사람들이 많이 모이는 데는 핵심 시설이 있다. 도시도 마찬가지다. 시장, 도서관, 체육관 등이 그렇다. 그런 시설이 상대적으로 부족한 농촌의 조그만 마을에선 초등학교가 핵심 시설로서 상징성이 크다. 송계마을 주민들에게 서하초가 아이들이 다니는 학교 이상의 의미인 이유다. 운동회와 학예회가 열리는 마을의 잔치 터, 선거일이면 권리를 행사하러 주민들이 가서 투표를 하고, 마을에 중요한 일이 있을 때 여러 사람이 회의를 하러 모여드는 광장 같은 곳. 학교는 마을 공동체를 하나로 묶는 상징적 공간이다. 마을 주민과 마을을 떠난 졸업생은 서하초를 중심으로 뭉쳐 왔고, 뭉쳐 있었다.

신귀자 교장　하나뿐인 초등학교가 없어지면 마을은 영향을 받을 수밖에 없어요. 서하초도 위기를 맞으니 지역에서 일어나 주시더라고요. 학교가 사라지면 마을이 사라지고, 마을이 사라지면 결국 공동체가 해체되니까요. 학교를 살리는 일이 마을을 살리는 일이라는 묵언의 공감대가 있었던 것 같아요.

이제 신 교장은 두려울 게 없었다. 서하초가 분교되는 것을 막기 위한 이들의 마음이 모였기 때문이다. 신 교장으로서는 천군만마를 얻은 듯했다.

마을을 지탱하는 학교

장원 소장 시골 학교에서는 교장 선생님이 학생들을 통학시키기도 합니다. 출근할 때 학생을 픽업해 퇴근할 때 데려다주는 식으로요. 그렇게라도 하지 않으면 학부모들이 이사를 생각하기도 해요. 그 정도로 상황이 절박하죠. 특히 서하는 함양에서 제일 작은 면이고, 서하초가 함양 13개 초등학교 중에서 제일 작은 학교였어요.

장원 소장은 달변가다. 일정한 속도로 설명하고, 본인이 한 일을 강조하지도 않았다. 그는 학교를 중심으로 마을 공동체를 회복할 수 있다고 믿는 사람이다. 고령화 시대에 시골이 살아나려면 외부에서 사람들이 유입되어야 하는데, 시골엔 사람들이 매력을 느낄 만한 자원이 그리 많지 않다. 장원 소장은 시골의 작은 초등학교에서 답을 찾았다. 초등학교 살리기를 통해 활기를 잃어 가던 마을을 되살리고, 시골에서 살길 원하는 도시의 학부모를 끌어들여 마을의 역사를 이을 주역으로 영입하면 어떨까. 이 방법이 농촌을 살려 보겠다고 투입하는 비용에 비해 훨씬 효율적이고 효과적이라고 생각했다. 장원 소장은 초등학교를 중심으로 농촌의 작은 공동체부터 회복하는 것, 복잡한 도시에서 벗어나 생태 친화적 환경에 새로이 터전을 잡은 아이들을 농촌의 미래를 이끄는 새로운 주역으로 만드는 것이 충분히 가능성 있는 일이라고 판단했다. 무엇보다 그는 아이들과 젊은 부부가 들어와야 한다는 점에 집중했다. 작은 학교를 중심으로 마을을 살리는 노력이 학교와 마을도 살리고, 나아가 농촌도 살릴 수 있다고 믿었다.

그가 생각하기에 작은 학교는 도시의 젊은 학부모를 유인할 만한 장점이 있었다. 도시의 학교처럼 학생 수가 많지 않으니만큼 학생 개개인에게 세심하게 맞춘 프로그램을 제공할 수 있다. 대입 농어촌 특별 전형 같은 교육제도도 시골 작은 학교의 장점이다. 어느 부모나 자신의 아이가 보다 좋은 환경과 교육 조건에서 자라나기를 꿈꾼다. 만약 시골 학교가 초등학생부터 고등학생이 될 때까지 지역에 머무를 만한 환경과 교육을 제공할 수만 있다면, 정주 인구가 늘고 지역사회도 활력을 얻을 것이다. 그래서 그는 작은 학교 중심의 마을 살리기가 현재 농촌 지자체가 골몰하는 '지역 살리기'에도 훨씬 효율적인 방법이 될 수 있다고 생각했다. 학부모와 아이들, 폐교 위기에 처한 시골 학교는 물론 인구가 줄어들어 어려워지고 있는 농촌 지자체 모두에 '일석삼조'인 셈이다.

장원 소장 학교는 학교대로 어려워지고, 농촌은 농촌대로 어려워지는데 따로 고군분투하는 건 아무 의미가 없다고 생각했어요. 2000년 이후 농촌에 있으면서 제가 느낀 건 단순히 귀농·귀촌인 몇 명을 유입하는 방식으로는 한계가 있다는 거였죠. 외딴섬처럼 기존 마을과 동떨어진 채 있거나, 사람들이 들어와서 살다가 맞지 않으면 돌아가거든요. 정말 시골 생활이 맞으면 머물지만, 안 맞으면 언제든 도시로 돌아갈 수 있잖아요. 그런 방식의 농촌 살리기는 오래 지속될 수 없다고 생각했죠. 작은 학교 살리기는 초등학생, 젊은 학부모가 들어오고, 최소한 그 학생이 고등학생이 될 때까지는 살도록 할 수 있어요. 고령자뿐인 시골 마을에 아이들과 젊은 학부모가 들어와 세대가 융합되면서 마을에 활력도 생길 수 있죠.

학교가 지역사회에 갖는 의미는 무척 크다. 단순히 소속감이나 공동체 의식을 이야기하는 것이 아니다. 경제적으로나 사회·문화적 측면에서 학교 유무는 지역에 지대한 영향을 미친다. 우리는 여러 대학 도시를 통해 이러한 사실을 경험해 왔다.

대학은 연구, 인재 양성의 장소이기도 하지만, 지역의 발전에도 기여한다. 대학생뿐만 아니라 교직원, 대학가 상인, 지역 주민까지 대학과 지역사회는 밀접하게 연관되어 있기 때문이다. 충남 금산군의 중부대, 홍성군의 청운대가 이전을 결정했을 때도, 전북 남원시의 서남대가 폐교될 때도 지역에서 반발한 이유다. 대학이 이전하면 지역은 경제적 타격을 입는 것은 물론이고 활력이 저하된다. 지역의 역사와 생존은 대학의 번성과 속도를 같이한다.

장원 소장은 도시에서 대학이 차지하는 중요성만큼이나 시골 마을에서는 초등학교의 의미가 남다르다고 강조했다. 큰 도시에서는 대학이 지역을 먹여 살리지만, 작은 농촌 마을에서는 초등학교가 지역을 먹여 살릴 수 있다는 것이다. 대학이 폐교된 후 지역이 급격히 활력을 잃듯, 초등학교 폐교는 이미 잦아들 대로 잦아든 시골 마을의 활력을 되찾을 수 있는 남은 불씨마저 꺼뜨리고 만다.

장원 소장　함양도 인구가 한창 많을 때는 12만 명이 넘었습니다. 그때는 면마다 초등학교가 2~3개씩은 있었죠. 주민이 많으니까 마을이 그 학교들을 충분히 먹여 살리는 구조였어요. 마을에서 장학금도 내고, 발전 기금도 내고요. 지금은 아니에요. 사람이 없으니까 마을이 더는 학교를 지탱할 수 없죠. 학교가 문을 닫으면 그 지역은 서서히 기능을 멈추게 되거든요. 젊은 사람들이 들어오고 싶어도 망설이게 되지요. 이런 지역에서는 초등학교가 다시 마을을 살리는 구심점이 될 수 있어요.

과거에는 지역이 학교를 먹여 살렸다면, 이제는 학교가 지역을 재생시킬 수 있다는 주장을 펼치며 장원 소장은 이를 '마을 학교 공동체'라고 표현했다. 상대적으로 학생이 많은 도시에서는 지역이 학교를 지탱하지만, 인구가 줄어들 대로 줄어든 작은 농촌 마을에서 마을을 되살릴 수 있는 유일한 구심점은 '초등학교'다. 장원 소장은 이제 서하초가 중심이 되어 지역을 끌어 나가야 한다고 이야기했다.

학생모심위원회의 결성

평소에도 지역 재생에 앞장서 온 활동가였기에 장원 소장은 지역에서 사람을 모으고 지역 자원을 활용하는 데 능숙했다. 학교 내부와 관련된 일은 신 교장이, 외적인 일은 장원 소장이 맡기로 했다. 이렇게 서하초 살리기 프로젝트를 위한 줄탁동시(啐啄同時)가 완성되었다. 병아리가 알에서 깨어나려면 어미 닭이 밖에서 쪼고 병아리가 안에서 쪼며 서로 도와야 한다. 장원 소장과 신 교장은 서하초를 살리는 것도 학교 자체의 내부 역량과 지역 외부 환경이 힘을 합하면 충분히 가능하다고 생각했다.

두 사람은 제일 먼저 프로젝트에 필요한 관계자를 모았다. 당장 살 만한 주택과 일자리를 구해야 하는데, 민간의 힘만으로는 할 수 없는 일이다. 장원 소장은 함양군의 자원을 모두 엮으려 했다. 서하초 교직원, 학부모뿐만 아니라, 서하초 총 동창회, 서하면의 지역 인사, 서하면 향우회, 함양교육지원청, 함양군청, 함양군의회 관계자까지, 모두가 한마음으로 뭉쳐야 했다. 장원 소장은 교육장, 군수, 군의원, 면장 등 관에 관련된 이들에게, 신귀자 교장은 운영위원장, 학부모회장 등 학교와 관련된 이들에게 무작정 연락했다. 서하초에서 학교 살리기를 위한 전국 설명회를 해 보려고 하니 함께해 달라고 말했다.

장원 소장 가장 중요한 건 협치 구조를 만드는 거라고 생각했어요. 교육청, 면, 군, 지역 유지에게 연락해서 12명 정도를 모았죠. 처음 만난 자리에서 취지를 설명하고 바로 협의회를 꾸렸어요. 시간이 별로 없었거든요. 당장 1월에 학교에서는 다음 학기 학생 수를 도 교육청에 알려야 하는데, 서두르지 않으면 안 되는 상황이었죠. 학생들은 대부분 학교가 어느 정도 결정되어 있잖아요. 새 학기를 대비해서 직장을 옮기고, 이사하는 건 무척 큰일이니까요. 촉박한 일정이었죠.

2019년 11월 27일, 함양군청, 함양군의회, 서하면, 교육청 관계자부터 학부모, 주민까지 모두 서하초에 모였다. 공감대를 형성하기 위한 첫 만남이었다. 장원 소장은 이전에 신 교장에게 제시한 제안서를 정리한 기획안을 발표했다. 이른바 '함양 서하초 중심 작은 학교 살리기 제안'이었다. 그의 발표는 기존의 작은 학교 살리기와는 조금 달랐다. 폐교를 막는 데 그치는 것이 아니라, 지역 사회 전체를 엮어 훨씬 더 큰 목표와 포부를 밝히고 있었다. 일명 '서하초 살리기'라 불리는 이 프로젝트는 1차로는 폐교 위기에 처한 서하초를 살리기 위한 것, 2차로는 경남 교육청 차원에서 작은 학교 살리기의 확실한 성공 모델을 만들어 보자는 것이었다. 궁극적으로는 공공기관·기업과 연계해 작은 학교를 중심으로 한 지역 공동체를 만들어 고사 직전에 이른 농촌을 되살리자는 취지로 작은 학교 살리기를 통한 중·장기 로드맵을 제시했다.

장원 소장은 이를 위한 몇 가지 공약을 제안했다. 요지는 서하초에 입학하거나 전학을 오는 가구에 '일자리'와 '주택'을 제공하자는 것이었다. 그는 일자리를 알선하기 위해 지자체와 지역 기업에, 주택을 제공하기 위해 LH에 협력을 제안하겠다고 했다. 처음에는 다들 의아하고 당혹스러워했다. 이 산골 마을에 일자리와 집이 어디 있단 말인가. 더군다나 함양에서 제일 작은 서하면에서 그런 거창한 사업이 가당키나 할까. 얼마가 들지도 모르는 무모한 계획이라는 반응이 대부분이었다.

장원 소장 처음에는 모두 믿지 않는 분위기였어요. 이게 통할 거라고는 생각하지 못했던 것 같아요. 공약 자체가 황당하잖아요. '국가나 지자체에서도 못하는데, 대체 일자리와 집을 어떻게 준다는 거야'라는 반응이 많았죠.

모인 이들 사이에서도 의견이 분분했다. '서하초는 아이들이 다니기엔 친구도 없고 규모가 너무 작다', '예산만 낭비할 것이다', '서하초만 살려야 하는 이유가 없다' 등 반대의 목소리도 있었고,

'그런 혜택을 어떻게 마련할 거냐' 같은 의문의 목소리도 들려왔다. 특히 미온적인 반응을 보이던 한 군의원은 이렇게 소리쳤다.

"앞으로는 서상, 서하, 안의를 묶어 통폐합해야 하는데, 왜 자꾸 살리려고 하나요?"

일리 있는 지적이었다. 소규모 학교 통폐합은 교육부의 기조였고, 교육비 예산 절감에 큰 효과가 있었다. 더욱이 아이가 점점 줄어드는 저출생 시대에 학교 통폐합은 정해진 수순이나 다름없었다. 지방의 큰 대학조차 벚꽃 피는 순서대로 문을 닫는다는 말이 나오는 판국에, 살아남겠다고 몸부림치는 작은 시골 학교의 악전고투는 세상 물정 모르는 어린아이의 투정으로 비쳤을지도 모른다.

그러나 장원 소장은 지방 소멸이 가속화되는 현 상황에서 무조건적 학교 통폐합은 답이 아니라고 생각했다. 예산과 효율을 생각하면 통폐합이 당연하게 느껴질 수도 있다. 하지만 돈이 없다는 이유로 필수 교육이자 아동의 권리인 초등교육이 이루어지는 학교를 빼앗을 수 있을까. 더욱이 그 지역에 사는 사람들에게 학교 유무는 생활 터전이자 생존의 문제다. 여전히 지역에는 사람이 살고 있고, 아이가 다닐 학교가 필요하다. 수가 아무리 적더라도, 경제 원칙만으로 잣대를 들이댈 수 없는 문제인 것이다. 무엇보다 장원 소장은 귀농·귀촌인을 유입하기 위해 큰돈을 들이는 지자체의 농촌 살리기에 비해 작은 학교 살리기를 통한 농촌 살리기가 '가성비' 차원에서 훨씬 좋은 대응책이라고 생각했다. 교육 차원으로 '작은 학교'만 보면 가성비가 터무니없이 낮은 건 사실이지만, 농촌 살리기 차원에서 보면 적은 예산으로 큰 효과를 거두는 좋은 대안이 될 수 있다는 것이 그의 주장이었다.

장원 소장　교육으로만 보면 작은 학교는 문제가 무척 많죠. 예산도 많이 들고, 그만큼 효율성도 떨어지고요. 하지만 그건 한 면만 보는 거라고 생각해요. 좀 더 큰 범위의 농촌 살리기나 국가 균형 발전 차원에서 보면, 작은 학교 살리기는 가성비가 좋은 전략이에요. 지금 농촌 살리기에 얼마나 많은 재정이 투입되고 있나요? 작은 학교 살리기는 그만큼 큰 비용이 들지 않아요. 학부모와 아이들이 같이 들어오죠. 이게 끝이 아니에요. 더 많은 사람이 관심을 가지고 나중에도 언제든 귀촌을 실현할 수 있잖아요. 학교 살리기를 통한 농촌 살리기는 보이지 않는, 부수적인 효과도 정말 커요.

서하초는 여러모로 이대로 문을 닫기에는 아까운 자원이었다. 서하면의 활력을 되찾도록 해 주는 유일한 자원이기도 했다. 작은 학교를 중심으로 마을에 아이들과 젊은 학부모 같은 외부 인구가 유입된다면 함양군에도 더할 나위 없이 좋은 일이 아닌가. 그는 서하초 살리기를 시작으로 인근 서상면, 안의면도 함께 살릴 수 있을 거라고 생각했다. 집락이 연합해 농촌 교육 공동체를 만들어 미래를 도모해야 한다는 것은 분명했다. 그리고 거기엔 어떤 역동성이 필요하다. 이날 모인 이들의 의지가 바로 그 원동력이 될 거라고 장원 소장은 믿어 의심치 않았다.

장원 소장 관이나 학교에서 감 놔라, 배 놔라 하기 시작하면 계획이 틀어지고 실패하죠. 저는 이런 사례를 수도 없이 많이 봐 왔어요. 수천억을 들여 관이 시행한 사업도 1~2년 만에 무용지물이 되곤 해요. 이런 일에서 중요한 건 민간의 의지예요. 자발적인 의지로 시작하는 게 가장 중요하죠.

어쩔 수 없는 상황이니 위에서 시키는 대로 학교의 통폐합을 받아들이는 것이 아니라, 민·관, 나아가 지역 주민이 나서서 한마음으로 학교를 살리고 나아가 지역을 살리겠다는 의지가 지역사회를 바꿔 나갈 것이라는 믿음. 그 믿음을 바탕으로 장원 소장은 작은 초등학교를 살리는 게 농촌 살리기의 씨앗이 될 수 있다고 생각했다.

    장원 소장의 결연한 의시 덕분일까. 아니면 서하초와 송계마을의 생명을 연장할 수 있는 마지막 타이밍일지도 모른다는 절박함 때문일까. 어쩌면 빠듯한 시간이 오히려 모터를 달아 준 것일지도 모르겠다. 그날 서하초에 모인 사람들은 함께 프로젝트를 추진해 보기로 뜻을 모았다.

    누군가가 귀한 사람이 되면 '모시기' 마련이다. 서하면에는 아이가 귀하다. 그러니 위원회 이름도 '학생모심'으로 정했다. 학부모(학부모회장, 운영위원장), 교육지원청(교육장, 담당 장학사), 함양군청(행정과장, 귀농귀촌계장, 일자리계장, 6차 산업계장), 군의회·향우회(서하면 향우회장), 동창회(서하초 동창회장), 지역 인사(서하면장, 에덴농원 대표, 다볕자연학교장), 서하초(교장, 교직원)가 '학생모심위원회'로 뭉쳤다. 장원 소장은 학생모심위원장으로 선출되었다. 위원회는 12월 19일 서하초에서 전국 설명회를 개최하기로 했다.

집과 일자리를 드립니다

2019년 12월 5일, 함양교육지원청에서 학생모심위원회가 모였다. 두 번째 만남에서 이들은 '서하초 살리기' 방안을 하나씩 구체화해 나갔다. 첫 모임에서 장원 소장이 제안한 주택 제공과 일자리 알선 공약을 실현할 방법에 대한 논의가 한창이었다.

그는 오히려 작은 단위의 농촌이니 가능한 일이 많다고 역설했다. 민간 기업이나 일자리가 많지는 않지만, 인력난을 겪는 지역 기업도 있고, 노인 일자리, 산불 감시 요원, 방과 후 과정 강사 등 군에서 시행하는 공공 근로 일자리도 있었다. 인구 영입에 군도 적극적이기 때문에 학교를 통해 전입자가 늘어난다면 상부상조할 수 있었다. 더욱이 시골에서는 도시에 비해 생활비가 적게 든다. 도시보다 적은 급여로도 비슷한 생활수준을 누릴 수 있다는 뜻이다.

위원회는 제일 먼저 큰 방향을 잡아 보기로 했다. 위원회가 생각한 묘책은 크게 두 가지 방향이었다. 하나는 학부모의 마음을 움직여야 한다는 것, 다른 하나는 학생에게 더 많은 교육 기회를 주는 것이다.

먼저 학부모의 마음을 움직이는 방법으로 위원회는 '학부모를 위한 일자리'와 '가족을 위한 보금자리'를 제공하기로 했다. 이전까지 폐교 위기에 처한 작은 학교에서는 '학생' 위주의 여러 혜택을 내세웠다. 함양군 휴천면에 있는 금반초등학교(이하 금반초)가 그랬다. 휴천면의 하나뿐인 초등학교인 금반초는 월평분교장(1992), 휴천분교장(1998), 문정분교장(1999) 등 3개 학교가 편입된 학교인데, 어려운 사정은 서하초와 크게 다르지 않았다. 1600여 명의 주민이 거주하는 휴천면에도 젊은 사람들은 대부분 읍내로, 도시로 떠났고 고령 주민만 남아 있었다. 10여 년 전, 금반초에서는 '아토피 제로 공립형 보건학교'를 콘셉트로 학생을 모집하고자 했다. 학교 내부를 소나무와 편백나무로 리모델링하고, 수업 시간 틈틈이 요가·명상을 했으며, 정규 교과 수업 외에도 '숲속 체험', '산나물 채취', '텃밭 가꾸기' 등의 교육 프로그램도 계획했다. 금반초는 그간의 노력을 인정받아 2008년 '특성화교육과정운영 으뜸학교'로 선정됐다. 이후 12개의 방이 있는 학교 기숙사인 '금바실도담채'를 짓기도 했다. 20명을 웃돌던 금반초의 전교생은 40여 명까지 늘었다. 언론에서는 금반초에서 농촌 학교의 희망을 찾았다고 홍보했다.

금반초등학교는 '작은 것'의 가치에 주목했다. 농촌 산간 벽지의 작은 학교가 처한 상황을 약점이 아닌 강점으로 삼았다. 작은 학교, 적은 학생 수, 변변한 학원 하나 없는 지역 실정은 대도시 학부모나 교육계의 시각으로 보면 분명 열악한 교육 환경이다. 그러나 금반초등학교는 이 모두를 오히려 대도시에서는 찾을 수 없는 훌륭한 교육의 기본 바탕으로 보고 새롭게 일궈 냈다. 특히 학교를 둘러싼 청정 자연환경을 아이들을 위한 최고의 교육장이자 교육 소재로 보고 이를 적극 활용했다.

'농촌학교 희망찾기 ③, 거대 과밀학교 vs 전원형 작은 학교', 이경석, 농민신문, 2009. 4. 6

그러나 이런 현상을 오래 유지하지는 못했다. 전국 시골 곳곳에서 금반초를 모방한 아토피 학교가 생기기도 했고, '아이'만 고려한 것이 패착이었다. 일부 학부모가 아이만 전학 보냈기 때문이다. 한계는 금방 찾아왔다. 아이들은 자라서 다시 도시로 돌아가고, 학교는 언제 그랬냐는 듯 제자리로 돌아갔다. 2023년, 금반초의 전교생은 16명에 불과하다. 2학년 1명, 3학년 5명, 4학년 1명, 5학년 4명, 6학년 5명, 유치원 7명까지 포함하면 20명이 조금 넘는다. 신입생은 한 명도 없었다. 그간 금반초의 노력을 생각하면 제자리걸음인 숫자가 야속할 따름이다.

장원 소장은 금반초 이야기를 잘 알고 있었기에 초등학생을 자녀로 둔, 보통의 젊은 부부가 시골에 살려면 정주 환경이 어느 정도 갖춰져 있어야 한다는 점을 놓치지 않았다. 그래서 서하초에서는 학생이 아닌 '학부모'를 위한 공약을 내걸기로 한 것이다.

우선 가족 구성원 모두가 머물 수 있는 보금자리인 주택이 필요했다. 위원회는 학교로 전입하는 가구를 위한 주택을 마련하기로 했다. 하지만 서하면에는 아파트는 물론, 연립이나 다세대주택도 없다. 사람이 거주하는 집을 제외하면 낡은 폐가뿐이었다. 시골에서도 집 구하기는 만만치 않다. 학교 교직원들과 면사무소 직원들이 마을 곳곳을 돌아다니며 빈집을 물색했다. 노인회장을 비롯한 마을 주민도 함께 나섰다. 비어 있는 마을 회관 같은 공용 공간, 유휴 공간을 제공하기로 했다. 마을에 전셋집 7채를 확보하고, 1년에 200만 원 정도의 저렴한 금액으로 위원회가 마련한 집에 살 수 있도록 했다.

신귀자 교장 교직원들이랑 복덕방 주인이 된 것처럼 마을을 돌아다녔어요. 마을 주민들이 함께 나서 줬어요. 주민들이 사용하지 않는 공동 회관 같은 곳도 선뜻 내주셨죠.

주거 다음으로는 일자리를 물색했다. 서하면에는 마땅한 일자리가 없다. 시골에서 사람들이 떠난 이유도, 들어오지 않는 이유도 먹고살기에 충분하지 않기 때문이다. 학부모들에게 직장을 알선하기 위해 군청이 나섰다. 군청 경제과, 귀농·귀촌 관련 과 직원과 주민이 지역 농가나 기관을 다니면서 공공 근로 일자리를 확보했다. 장원 소장은 돈 주고도 사람을 구하지 못하는 농가의 사정을 잘 알고 있었다. 서하는 곶감으로 유명했지만, 곶감 농업 경매장에서도, 드넓은 사과밭에서도 일할 사람을 구하지 못했다. 장원 소장은 그런 일자리를 통해 월 200만~250만 원 정도의 수입은 충분히 얻을 수 있다고 봤다. 그는 귀농·귀촌을 꿈꾸지만 실현하지 못하는 이들이 이런 일자리를 통해 일정 소득을 확보할 수 있다면, 귀농·귀촌 실현을 앞당기는 또 다른 유인책이 될 수 있다고 생각했다.

지역 기업도 합세했다. 장원 소장은 함양군에 있는 전기차 생산업체인 에디슨모터스 강영권 대표에게 연락해 서하초 작은 학교 살리기의 취지와 학부모를 위한 일자리 알선 공약을 설명했다. 평소 지역에 애착을 가지고 있던 강영권 대표는 서하초 전학 학부모를 우선 채용하겠다고 답했다. 여느 농촌의 기업과 마찬가지로, 에디슨모터스도 인력난을 겪고 있었다. 강 대표는 장원 소장에게 1~2주 정도 교육받으면 누구나 할 수 있는 조립 라인의 단순 노동직이 필요하다며, 월 250만 원 정도는 벌 수 있을 거라고 말했다.

과연 이 정도 조건에 사람들이 선뜻 올까, 걱정하는 목소리도 있었다. 하지만 서하초가 내세우는 가장 큰 혜택은 주거와 일자리가 아닌 '학생'을 위한 것이었다.

학생 맞춤형 교육의 기반을 마련하다

학생모심위원회가 내세운 또 하나의 방안은 학생을 위한 획기적인 교육 프로그램이다. 신 교장은 자라나는 아이들은 지성·인성·감성을 골고루 갖추어야 한다고 생각했다. 이 생각을 바탕으로 다른 지역 못지않은 수준의 교육 프로그램을 꾸렸다. 그리고 이를 통해 규모가 큰 도시 초등학교와는 다른 작은 학교만의 차별화된 교육 환경을 제공하고자 했다. 양질의 교육으로 먼 거리를 감수하고도 올 만한 매력 있는 학교로 거듭나겠다는 전략이었다. 아이의 교육을 위해 가족 모두가 이사를 가는 일은 꽤 흔하다. 만약 정말 좋은 교육 환경을 갖추고 학부모를 위한 혜택까지 준다면? 가능성이 있었다. 학생모심위원회는 '서하 교육 시스템(Seoha Education System)'으로 학생들을 위한 혜택과 교육 방향을 제시했다. 주 1회 영어 특성화 방과 후 수업, 원어민 영어 교육, 전교생 해외 어학연수, 전교생 장학금 제공 등 누구나 관심을 가질 만한 혜택이 포함됐다.

special 특성화 교육(영어)
연 1회 전교생 해외 영어 연수, 고학년 일부 과목 영어 수업, 외부 강사

영어 특강 등

ecological 자연 생태 교육

지덕체 교육(지리산과 덕유산 활용 체험 프로그램)

original 창의 교육

창의 캠프, 창의력 특강, 창의력 증진 방과 후 학교 등

holistic 통섭 교육

지식, 지혜의 습득과 발현, 창조적 융합 교육

artistic 예술 문화 교육

예술과 문화 교육, 악기 다루기, 공연 체험 등

프로그램을 개선하고 획기적인 혜택을 제공하려면 돈이 필요하기 마련이다. 첫 회의를 가졌을 때가 12월 무렵이었으니, 군이나 교육청의 지원을 받는 것은 현실적으로 불가능했다. 학생모심위원회는 기금을 조성해 자체적으로 재원을 마련하기로 했다. 목표는 1억 원이었다. 그러나 주민도 적은 시골 학교에서 1억 원이라는 큰돈이 어디 쉽게 모이겠는가. 이에 장원 소장이 나섰다. 그는 마중물 차원에서 10개월 동안 매달 100만 원씩 내겠다고 말했다. 이후 사람들이 하나둘 도움의 손길을 보내기 시작했다. 모교가 폐교될 위험에 처했다는 소식을 접한 전국 각지에서 졸업생, 지역 주민도 쌈짓돈을 모아 성금을 보내왔다. 서하초 살리기 기금 1억 원 중 절반이 넘는 돈이 총 동창회에서 모였다. 졸업생과 주민

은 서하초에 누구보다 적극적으로 지지를 보내 준 든든한 후원자였다. 동창회, 향우회, 학부모, 학교 관계자 외에도 사회단체, 지역기업, 공무원도 기금 조성에 힘을 보탰다. 언론에서 서하초 소식을 접한 전국 각지의 사람들도 기금을 보내왔다.

신귀자 교장　사실 설명회를 하기 전에는 땡전 한 푼 없었어요. 설명회 이후 관의 지원이나 예산 없이 1억 원이 모였어요. 이런 작은 시골 마을에서 1억 원을 모은다는 게 쉬운 일은 아니잖아요. 아마 서하면에 있는 주민, 객지에 계시는 지역민 중에 돈을 안 내신 분이 없을 거예요. 이 돈으로 설명회에서 제시한 공약이 하나둘 진행되고 있어요. '함께하니까 이런 일도 일어나는구나' 싶더라고요.

학생모심위원회가 출범한 지 약 3주가 흘렀다. 학교는 전국 설명회 준비로 분주하게 돌아갔다. 신 교장과 교직원들은 개별 상담을 준비했다.

장원 소장　시간이 굉장히 촉박했어요. 한 달 동안 거의 잠을 못 자다시피 했죠. 언론 섭외, 보도 자료 작성, 행사 진행 등 실무를 모두 직접 해야 했어요. 너무 늦게 시작했기 때문에 여유가 없었죠.

아이를 위한 교육 프로그램이나 학부모를 위한 공약도 중요하지만, 장원 소장이 무엇보다 중요하게 생각한 건 대외적으로 서하초의 이야기가 널리 알려지는 것이었다. 그는 직접 홍보 자료를 작성해 전국 언론에 서하초 소식을 알렸다. 눈에 띄는 문장을 고심하다 '당신께서 오셔야 시작입니다'라는 제목으로 보도 자료를 작성했다. 더 큰 홍보 효과를 내기 위해 정치인이나 작가 등 유명 인사들을 찾아가 축사도 받았다.

장원 소장 아무리 맛있는 식당이라도, 알려지지 않으면 손님이 찾아오지 않잖아요. 서하초 살리기도 마찬가지죠. 우리가 아무리 노력해도 언론을 통해 알려지지 않으면 어떻게 사람들이 알겠어요. 홍보에 프로젝트의 성패가 달려 있다고 생각했죠. 보도 자료를 써서 군에 세 번 정도 보냈어요. 군에는 보도 자료를 내보내는 부서가 있으니까요. 그리고 제가 아는 언론사에도 다 연락을 했죠. 서하초 이야기가 단순히 폐교를 살리자는 게 아니라고, 학교 살리기를 통해 농촌을 살려 보자는 취지라고 어필했어요. 그랬더니 언론에서도 관심을 보이더라고요.

12월 19일 전국 설명회 전부터 서하초 이야기가 각 신문에 일제히 소개됐다. 언론은 너나 할 것 없이 서하초의 파격적인 공약을 기사화했다. '폐교 위기 시골 학교 "집·일자리 주겠다" 파격 조건'이라는 기사는 전국의 관심을 모으기에 충분했다. 한 신문에는 서하초의 노력을 교육계가 눈여겨봐야 한다는 사설도 실렸다.

학생모심위원회의 전략이 통했다. 설명회 전부터 서하초에 입학 문의가 쇄도했다. 마을에는 이들 모두에게 제공해 줄 집이 없었다. 오고 싶어 하는 이들을 다 받을 수 없으니 전입자 기준을 세웠다. 위원회는 설명회 전에 모여 몇 가지 선발 기준을 정했다. 가장 중요한 기준은 '자녀 수'였다. 그리고 1·3·6학년 재학생이 적은 걸 감안해, 해당 학년 자녀가 있는 가구를 두 번째 기준으로 삼았다. 서하면 전입도 요건에 포함했다. 예전엔 상상도 할 수 없었던 행복한 고민이 시작된 것이다.

장원 소장 언론의 힘이 컸다고 생각합니다. 설명회를 열기 전부터 많은 문의가 들어오니 학교 관계자들이 선발 기준을 정해야 했어요. 다자녀거나 학생이 하나도 없는 학년을 우선 고려하자고 했죠. 그리고 입학 시기도 얼마 남지 않으니 빨리 전입할 수 있는지도 기준에 포함했어요.

이제 모든 준비는 끝났다.

2019년 12월 19일, 서하초 체육관에서 전국 설명회가 열렸다. 서하초에 '아이토피아'란 별칭도 붙였다. '아이'와 '유토피아'를 합쳐 만든 단어다. 장원 소장은 설명회에서 위원회가 준비한 '학생 모심 프로젝트'를 발표했다. '주택, 일자리, 특성화 교육' 등 세 가지 맞춤형 시스템을 제공하겠다고 선언했다. '영어 특성화 교육', '해외 어학연수', '전교생 장학금' 등 아이와 학부모를 위한 다섯 가지 공약도 내세웠다.

지난 한 달 동안 최선을 다했지만, 짧은 준비 기간에 과연 이 프로젝트를 성공시킬 수 있을까 불안하지 않았다면 거짓말일 것이다. 정말 서하초에 사람들이 관심을 보일까, 우리가 뻗은 손길에 사람들이 응답해 줄까, 반신반의하며 마음 졸인 위원회의 걱정은 기우에 불과했다. 설명회에는 외지에서 온 10가구의 학부모를 포함해 200여 명이 참석했다. 기대 이상의 숫자였다.

더욱 놀라운 일은 설명회가 끝나고 벌어졌다. 언론에 서하초의 파격 공약이 소개되자 설명회에 오지 못한 학부모들의 문의 전화가 쏟아진 것이다. 서울, 천안, 거제, 태백, 양산, 김해 등 전국 각지에서 지원 문의가 쇄도했다. 입학 의사를 밝힌 이들이 넘쳐 중간에 모집 중단 공고를 내야 했다. 기한 내 신청한 가구만 무려 75가구였다. 문의 전화를 준 숫자까지 더하면 300여 명의 학부모가 서하초에 관심을 보였다.

장원 소장 결정적으로 분위기가 달아오른 건 전국 설명회 이후였어요. 설명회 당일 거의 모든 중앙 언론사에서 내려왔거든요. 언론에 알려지고, 저도 예상치 못한 수준으로 문의 전화가 빗발쳤어요. 그때는 제 전화기에 불이 나는 줄 알았어요. 우리 아이만이라도 부탁하자는 개인 연락도 정말 많이 왔거든요. 위원회가 선발 기준을 세워 두길 잘했다는 생각이 들었어요. 많은 사람이 오는 것도 중요하지만, 정말 이곳에서 살길 원하고, 살 수 있는 사람을 선발하는 게 무엇보다 중요하다고 생각했거든요.

근래 그렇게 학교가 북적거린 것은 처음이었다. 구경 나온 마을 주민들도 놀랐다. 신귀자 교장도 당시를 이렇게 회상했다.

신귀자 교장 그렇게 많은 사람이 관심을 보일 줄 상상도 하지 못했어요. 시골 학교에서 자녀를 키우길 원하는 학부모가 그 정도로 많을 줄은 몰랐거든요. 집이 확실하게 보장되니까 도시의 학부모님들이 더 많은 관심을 보인 것 같아요. 아직도 그때를 생각하면 신기해요.

서하초가 살아났다

전국 설명회 이후 서하면에는 일곱 가구가 이주해 왔고 서하초에는 15명이 입학했다. 서울뿐 아니라 인천, 천안, 강원, 대구, 창원, 김해, 양산, 마산, 거제 등에서 이주해 왔다. 추가로 입학한 학생 2명까지 포함해 전교생이 10명에서 27명으로 늘면서 각 학년당 1학급이 다시 개설됐다. 유치원생 5명까지 포함하면 학생 수가 약 3배나 늘어났다. 지원자에 비해 마련한 주택 수가 부족해 일부 지원자들에게는 함양군 내 다른 초등학교를 소개해 주기도 했다. 아쉬운 대로 이들은 개인적으로 주택을 마련해 다른 학교로 전입했다. 일자리를 원했던 학부모 2명은 에디슨모터스에 취직하기로 했다.

설명회 전과 후 서하초 학생 수 변화

구분	유	1	2	3	4	5	6	계(명)	학급 수
설명회 전	3	0	3	0	2	4	1	초등 10 유치원 3	3 (4·6 복식학급)
설명회 후	5	5	5	5	3	6	3	초등 27 유치원 5	6

서하초가 살아났다. 아이들이 많아지면서 진주에서 교감 선생님도 새로 발령을 받아 왔다. 학교가 살아나면서 마을도 살아났다. 서

하면에는 문을 닫았던 마트도 다시 문을 열었다. 사람들은 이를 '서하초의 기적'이라 불렀다. 결과는 고무적이었다. 서하초에 자녀를 보내길 원하는 가구가 줄을 섰기 때문이다.

신 교장은 학교의 힘만으로는 불가능했을 것이라고 강조했다. 서하초의 기적은 학생모심위원회, 지역 주민, 동창회는 물론 지자체와 기업 등 지역사회 전체가 힘을 모았기 때문에 가능했다고 수차례 이야기했다.

무엇보다 서하초의 부활을 제일 반긴 건 마을 사람들이다. 귀촌을 원하는 많은 이들은 낯선 이들에게 배타적인 시골 마을의 분위기를 걱정하기도 한다. 그러나 시골 분위기도 점점 변하고 있다. 더욱이 마을에 하나뿐인 초등학교를 보고 도시에서 서하면으로 온 이들은 마을에서 크게 환영받았다. 주민들은 마을에 아이들 웃음소리가 들리고, 조금씩 활기를 띠어 간다는 것만으로도 신기해했다. 이들이 기억하는 과거 송계마을의 북적거림까지는 아니지만, 예전 마을의 모습을 조금은 되찾은 듯한 느낌이었을까.

유태성 이장 학교 살리기 이전에는 동네에 할아버지, 할머니뿐이었어요. 이제는 마을에 생기가 도는 듯한 느낌이에요. 아이들이 마을을 돌아다니는 것만 봐도 절로 웃음이 나죠. 마을 사람과 새로 생긴 카페에서 만나서 수다도 떨어요. 여러모로 학교가 살아나면서 저도, 마을도 혜택을 받고 있다고 생각해요. 나중에 이 학생들이 커서도 여기서 보낸 순간을 소중하게 기억하면 더할 나위 없겠죠.

장원 소장은 학교 살리기가 곧 마을 살리기였기 때문에, 기적에 가까운 일이 일어날 수 있었다고 말했다.

장원 소장 대안이 없는 문제는 없다고 생각해요. 저는 될 거라고 생각했지만, 처음에는 대부분 미온적 반응을 보였죠. 학교 살리기가 언론에 알려지고 동창회나 동문이 나서 줬어요. 동창회장이 기수별로 할당해 동창회에서 절반 이상의 돈이 모였어요. 이것도 대단하지만, 무엇보다 서하면에 있는 어르신, 목사님, 스님, 면사무소 직원 등이 5만 원, 10만 원씩 십시일반으로 모았어요. 전 이게 진짜 큰 힘을 발휘했다고 생각해요. 단기간에 이 정도로 모일 줄은 몰랐거든요. 이후에 관이나 공공기관에서도 관심을 보이기 시작했죠. 학교 살리기는 다른 귀농·귀촌인을 유입하는 것과는 달라요. 귀농·귀촌은 딱 그 사람들만 들어와서 살잖아요. 언제 다시 떠날지도 모르고요. 학교를 중심으로 들어온 이들은 최소한 아이가 자라고 대학에 들어가기까지 그 지역에서 머무르고자 하죠. 그리고 아이가 커 가는 모든 과정에서 지역 주민과 마을이 함께하잖아요.

물론 학교와 주민들의 염원만으로 이런 성공을 이끌어 낼 수 있었던 것은 아니다. 여러 인적 자원을 엮어 가시화하는 활동가의 실행력, 각 분야 전문가들의 역량 또한 서하초의 성공에 중요한 요인이었다.

서하초를 회생시키는 과정에서 주목해야 할 또 하나의 인연이 있다. 바로 공공기관의 참여다. 서하초를 살리기 위해 모인 위원회도 자체적으로 일부 전셋집을 마련하긴 했다. 그러나 이것만으로는 충분하지 않았다. 마을의 유휴 공간이나 빈집이던 곳은 단기간 거주하기에는 괜찮을지 몰라도, 아이들이 자라는 동안 거주할 만큼 구색을 갖추었다고 보기는 어려웠다. 수도 부족했다. 온 마을이 겨우 마련한 7채만으로는 학교와 마을의 지속 가능성을 장담할 수 없었다. 전입 가구가 송계마을에 오래 거주할 만한 주택이 필요했다.

장원 소장은 공공기관이 서하초 전입 가구를 위한 임대주택을 짓는다면 문제를 해결할 수 있다고 생각했다. 그가 찾은 해답은 LH였다. LH가 주로 하는 일이 '공익'을 목적으로 주택을 짓는 것이 아니던가. 학교를 중심으로 농촌을 살리는 서하초 프로젝트는 우리 사회의 '공익'에 부합하는 프로젝트였다. 그는 세 차례나 LH를 찾아가 당시 사장으로 재직하던 변창흠 교수를 만났다. 학자이던 변창흠 전 사장은 평소에도 수도권과 비수도권, 도시와 농촌 간 격차에 꾸준한 관심을 기울여 온 인물로, LH에 취임한 후 균형발전본부를 중심으로 조직을 개편하기도 했다. 장원 소장은 변창흠 전 사장을 만나 작은 학교를 통해 농촌을 살릴 수 있으며, 이것이 LH가 추구하는 균형 발전을 위한 공공기관의 역할과도 부합한다는 점을 설명했다. '국민 주거 안정'을 위한 공기업으로서 LH는 꾸준히 지역 균형 발전 차원에서 여러 주택 조성 사업을 시행해 왔다. 사업의 종류와 규모, 형식도 다양하다. '마을 정비형 공공 주택(행복마을권) 사업', '귀농·귀촌형 공공 주택 사업', '패키지형 귀농·귀촌 주택 개발 리츠 사업' 등 농촌의 여건에 맞게 소규모 아파트를 짓기도 하고, 단지형 임대주택을 짓기도 했다. LH는 서하초 프로젝트에 협력해 지역 균형 개발에서 의미 있는 성과를 낼 수 있다고 생각했을 것이다.

전국 설명회가 끝나고 2020년 3월 본격적으로 프로젝트에 뛰어든 LH는 주관 부서인 균형발전본부를 중심으로 내부 전문가를 모아 '농촌 활성화 사업 모델 TF 팀'을 구성했다. 토지주택연구원의 이미홍 박사, 배진원 박사가 모델 정립을 담당하고, 경남지역본부 박철우 부장과 정승태 부장이 이 프로젝트의 기획과 가치 실현 담당자, 즉 실질적 책임자가 되었다.

정승태 부장   회사에서도 농촌을 대상으로 주택 조성 사업을 많이 해 왔어요. 대표적인 게 2018년 추진한 '귀농·귀촌형 공공 주택 사업'이었죠. 귀농·귀촌 희망자를 위한 임대주택을 공급해 농촌 지역에 활력을 불어넣고, 지역 균형 발전을 도모한다는 취지였죠. 당시 시범 사업으로 경북 상주시, 전남 보성군 2개 지구에서 추진했는데, 개인적으로 농촌 활성화 사업 모델로서는 부족하다고 생각했어요. '집'만 계획되어 있다는 점에 그랬죠. 조직 내부에서도 실패 사례를 통해 배우는 게 많았던 타이밍이었어요.

LH의 귀농·귀촌형 공공 주택 사업도 귀농인을 위한 단독주택형 공공 임대주택을 건설하는 사업이다. 시범 사업으로 선정된 보성에는 18호, 상주에는 20호의 임대주택이 건설되었다. 보성에는 빈 군유지에, 상주에는 폐교된 양정초 부지에 들어섰는데, 짓고 보니 그야말로 '집'만 덩그러니 있었다. 지금은 이주민이 들어와 살고 있지만, 기존 마을과는 전혀 융화되지 않는 모습이었다. 2017년 추진한 귀농·귀촌 리츠 사업도 유사했다. 그는 앵커 시설(도시에 활력을 불어넣을 만한 핵심 자족 시설)을 조성하지 않은 채 주택만 지어서는 지속 가능성이 부족하다고 지적했다.

정승태 부장　지역에 활력을 불어넣으려면, 사람이 드나드는 거점 시설이 있어야 해요. 앵커가 될 만한 시설을 고려하지 않으면, 그 주택단지는 외딴섬이 되고 말죠. 지역과 전혀 어울리지 못한 채로요. 마을도 함께 살 수 있는 구조가 전혀 아니죠. LH에서도 농촌에 집만 지으면 안 된다는 의견이 계속 제기되어 왔어요. 학교에는 졸업생도 있고, 신입생도 있잖아요. 학교를 중심으로 인근에 주택이 들어선다면 마을이 끊임없이 순환될 수 있겠다고 생각했죠.

정승태 부장은 함양 농촌 활성화 사업 모델에는 더 많은 '공간적 제약'과 '시간적 제약'이 있다고 생각했다. 따라서 LH 경남지역본부 내부 전문가들이 모여 몇 차례 토의를 했다. 어떤 방식으로, 어디에 주택을 지을지, 지자체와 분담은 어떻게 할지 등에 대한 논의가 필요했다. 서하초에서는 당장 이주자들이 거주할 수 있는 집이 필요했다. 그러나 주택을 짓는 데는 꽤 긴 기간이 필요하다. 당장 다음 학기에 전입 가구가 송계마을에 들어와 살아야 하는데, 여러 복잡한 과정을 거쳐야 하는 사업은 무리였다. LH 경남지역본부 전문가들은 LH의 여러 주택 사업 중 '민간 건설 주택 매입 약정 방식'을 떠올렸다. 매입임대주택은 다른 사업에 비해 상대적으로 적은 비용으로, 빨리 추진할 수 있다. LH에서는 주로 단지 조성부터 운영·관리 단계까지 모두 고유의 수용 방식으로 주택을 조성한다. 그러나 이 방식에는 그만큼 비용도, 시간도 많이 든다. 시간적 제약이 있는 서하초의 경우 한번 삽 뜨는 데만 몇 년이 걸리는 수용 방식으로 집을 지을 수는 없었다. 민간 건설 주택 매입 약정 방식은 민간 건설업자와 LH가 사전에 협의하고, 민간

업자가 건설한 주택을 LH가 매입해 임대 및 운영하기 때문에 비용도, 시간도 크게 줄일 수 있다.

문제는 매입 임대 방식은 국토교통부의 규정에 따라 인구 8만 이상의 도시에서만 추진할 수 있어, 인구 4만이 안 되는 함양군은 원래 적용 대상이 아니란 점이었다. 하지만 2020년 민간 건설 주택 매입 약정 방식에 대한 국토교통부의 규정이 변경되며 인구 8만 이하 도시에서도 추진할 수 있게 됐다. 서하면에 주택을 지을 수 있는 길이 열린 것이다.

정승태 부장 구슬이 서 말이라도 꿰어야 보배가 되잖아요. 의지와 아이디어를 어떻게 현실에 구현시킬지를 고민했어요. 또 함양군 정책과도 부합하고, 시의적절하게 추진 가능한 사업을 선별하려고 했죠. 그때 함양을 몇 번이나 방문했는지 몰라요. 한동안은 진주로 출근하는 게 아니라, 함양으로 출근하는 느낌이 들었다니까요. 주택을 어디 지으면 좋을지, 비용은 또 얼마가 적당할지. 아무래도 농촌활성화 사업의 지속가능성과 지역 균형의 가치를 전달하는 회사 입장에서는 고려해야 할 게 꽤 많았죠.

서하면은 인근 안의면에 비해 정주 여건이 열악했다. LH는 안의면에 좀 더 큰 규모로 주택을 짓는 것도 고려했다. 그러나 여러 검토를 거친 끝에 LH는 서하초 건너편에 12호 규모의 단지형 주택을 짓기로 결정했다. 여러 후보지 가운데 통학이 편하고, 주변 마을 인프라를 도보로 활용할 수 있는 학교 건너편 인삼밭이 입주자들에게 가장 좋은 입지라고 판단한 것이다.

2020년 5월, LH는 함양군의 민간 건설업자와 서하초 전입 가구를 대상으로 임대주택을 지원하기 위한 '농촌형 특화 주택 매입 약정 방식' 사업을 추진했다. 함양군이 비용의 15%를 분담하기로 협의했다. 임대주택의 월 임대료는 15만~20만 원(17~25평 기준)으로 책정했다. 아이가 초등학교를 졸업하고 중·고등학교에 진학하는 것을 고려해 원하면 최대 20년 동안 거주할 수 있는 조건이었다. 입주자 선정 기준은 함양군이 정했다. 입주자 모집 요건도 '서하초 맞춤형'으로 다자녀 유형 10호에 대해서는 '만 19세 미만 자녀(태아 포함)를 2명 이상 양육'하는 조건을 내걸었다. 자녀의 수나 아이들의 나이, 서하초 재학 여부에 따라 가점을 부여하기도 했다.

LH의 합류로 서하초 살리기 프로젝트는 지속적으로 작동할 수 있는 엔진을 확보했다. 안정적인 보금자리가 없으면 언젠가는 그 지역을 떠날 수밖에 없다. 자연을 느끼고 이웃과 교류할 수 있는 단지형 주택이 들어서면서 더 많은 이들이 서하초에 관심을 보였다. 한번 입주하면 20년은 살 수 있으니, 서하 같은 환경에서 아이를 키우길 꿈꾸던 이들의 귀가 솔깃할 수밖에 없었을 것이다.

정승태 부장　면 단위에 민간 건설 임대 방식으로 사업을 추진한 게 서하면이 최초였어요. 2020년 4월 기본 협약을 체결하고, 8월에 착공식을 진행해 2021년 1월에 입주까지 완료했죠. 신속한 의사 결정과 지자체의 지원이 어떤 결과를 내는지 알 수 있는 좋은 사례라고 생각해요. 서하초는 기가 막히게 운이 좋았다고 봅니다. 사실 기업이나 조직이라는 게 그렇잖아요. 의지도 중요하지만 타이밍과 운도 좋아야 하죠. 중앙이나 광역 정부에 지역 균형 발전에 대한 기조가 있었고, LH도 마찬가지였죠. 함양군도 힘을 실어 주었어요. 그래서 기적에 가까운 일이 일어날 수 있었던 거죠.

정승태 부장은 '순서 파괴'가 통했다고 말했다. 목적이 분명하면 프로젝트나 사업을 시행할 때 필요한 과정이 단순화된다는 것이다. 민간에서 추진한 학교 살리기에 공공기관인 LH와 관인 함양군이 화답했다. 저마다 조직이 움직인 까닭은 조금씩 달랐겠지만, 이들에게는 폐교 위기에 처한 학교를 살리고, 마을을 살리고, 나아가 지역을 살려 보자는 공통된 목적이 있었다. 그리고 각자 할 수 있는 일을 했다. 그는 조직마다 의지를 가지고 일을 해 나가는 키 플레이어(key player)가 있었기에 가능했다고 덧붙였다. 학교에는 신귀자 교장이, 민간에는 장원 소장이, 관에는 함양군청 공무원이, 공공기관에는 정승태 부장이 있었다. 저마다의 입장에서 '무'에서 '유'를 만들어 나가는 일이었다. 그래서 서하초는 기적이라 불릴 수 있었던 게 아닐까. 장원 소장도 LH와 함양군이 함께하지 않았다면 쉽지 않았을 거라고 말한다.

장원 소장 시작은 민간이 했지만, 사실상 학교와 민간 위주의 위원회가 할 수 있는 일에는 한계가 있을 수밖에 없어요. 여기에 공공기관과 지자체가 함께했기 때문에 서하초 살리기가 제대로 탄력을 받을 수 있었던 거죠.

　함양군과 LH는 서하초 살리기 이후 지역 살리기를 위한 지역
맞춤형 농촌 재생 모델을 구축했다. 집만 지어 주는 게 아니라 지
역 주민과 새로 이주한 이들을 위한 여러 정주 환경 개선 사업을
계획하고 추진한 것이다. 그 일환으로 서하면에는 임대주택에 이
어 마을 주민과 입주민의 사랑방이 되어 줄 카페, 귀촌을 원하는
청년을 위한 스마트팜과 창업 공간 플랫폼 '서하다움', 어린이 도
서관을 지었다. 앵커가 될 플랫폼 시설을 짓는 데 드는 비용은 '농
어촌상생협력기금' 사업을 활용했다. 농어촌상생협력기금은 대
중소기업농어업협력재단에서 조성한 기금으로, 농촌에 필요한
사업을 지원한다. 귀촌한 입주민은 이렇게 마련된 플랫폼에서 공
동 텃밭을 가꾸고, 학부모가 중심이 되어 아이들을 위한 다양한
프로그램을 진행한다. 가끔은 마을 장터를 열어 원주민과 귀촌인
간 교류의 장도 만들어 나가고 있다. 현재 서하다움은 함양에서
지역 커뮤니티 활동을 해 온 빈둥협동조합이 관리와 운영을 맡고
있다. 빈둥협동조합은 청년 레지던스 플랫폼을 통해 도시와 농촌,
청년과 지역을 연결하고 마을 주민과 소통하는 다양한 프로그램
을 기획한다.

　함양군과 LH는 서하초 살리기와 연계해 마을 공동체 분야에
서도 다양한 협업을 구축하고 있다. 함양군민이 이 모델의 최종

사용자이면서 향후 모든 활동의 주체가 되도록 다양한 사업을 계획하고 하나씩 준비해 가고 있다. LH는 안의면에도 공공 주택 60호를 준비 중이다. 또 함양읍에 '일자리형 매입 임대주택'을 추가로 건설할 예정이다. 서하초를 졸업한 아이들이 지역의 중학교, 고등학교를 마치고 함양군에서 머무를 수 있도록 하는 것이 최종 목표다.

성공의 비결

사람들이 이사를 결정하는 요인은 매우 다양하다. 특히 농촌 이주에는 도시 안에서 주거지를 옮기는 것보다 훨씬 다양한 요인이 작용한다. 어떤 이는 도시에서 먹고살기 힘들어 농촌으로 옮긴다. 농사를 짓거나 생활비를 줄이기 위해 옮기기도 한다. 또 다른 이들은 경쟁에 지쳐 풍요롭고 깨끗한 자연환경을 찾아 농촌으로 이주하기도 하고, 아이의 행복을 위해 도시를 떠나는 이들도 있다. 이들은 비와 바람과 공동체가 아이를 키운다고 생각한다. 아이가 사계절을 느끼고 꽃과 나무와 대화하며 인간다운 삶을 살 수 있다고 믿는다. 하지만 아무리 자녀를 위한 환경이 중요하다 하더라도, 본인이 그곳에서 할 일이 없으면 귀촌을 결정할 수 없다.

서하초의 설명회에 이토록 많은 이들이 모인 이유는 무엇일까. 그날 신 교장과 이야기를 나눈 학부모들의 말은 대체로 비슷했다. 아이들이 도시가 아닌 시골에서 자랐으면 하는 바람이 있었다는 것이다. 위원회 또한 자연과 가깝고 경쟁이 치열하지 않으며 마을 공동체가 살아 있는 시골의 환경이 자라나는 아이들에게 질 높은 교육 여건을 제시할 수 있다는 믿음이 있었다. 설명회에 참석한 학부모 대다수도 이 부분을 가장 염두에 두고 있었다.

그러나 귀촌은 가족 모두가 결정해야 할 사안이다. 아이의 만족뿐 아니라 가족 전체를 고려했다는 점이 서하초 살리기의 차별점이다. 시골에 살고 싶지만 그러지 못하게 하는 가장 큰 걸림돌이 바로 주거와 일자리였다. 송계마을 주민들은 그걸 잘 이용했다. 어른에게는 '일자리'를, 아이에게는 '교육' 기회를 제공하려 했다. 또 가족에게는 '보금자리'를 알선했다. 아이가 있는 가족이 원하는 가장 중요한 세 가지 요인에 집중한 것이다. 그리고 이 세 요인이 합쳐진 결과는 시너지로 나타났다.

신귀자 교장 '아이 스스로 좋아하는 것을 찾아 갈 기회를 주고 싶다'는 것이 제일 중심이 되는 모토였어요. 여기에 학부모를 위한 주택과 일자리도 갖춰지니, 더할 나위 없이 좋은 기회였죠.

짧은 준비 기간, 부족한 재원에도 서하초 살리기가 성공할 수 있었던 또 다른 비결은 민과 관이 협력했기 때문이다. 관에서 이런 프로젝트를 진행하기 위해서는 복잡한 절차를 거쳐야 한다. 타당성을 검토하는 과정에서 상당한 시간을 소요했을 테고, 신속하게 추진하기 어려웠을 것이다. 장원 소장은 처음부터 민간에서 시작하는 것이 여러 면에서 효과적이라고 생각했다. 또 민간의 역할과 능력에는 어디까지나 한계가 있기에, 관과 이 과정을 함께

해야 한다는 점을 강조했다.

장원 소장　여태까지 농촌은 돈이 없어서 살아나지 못한 게 아닙니다. 제가 아는 함양의 한 마을도 주민 수가 50명이 안 되는데, 100억 원 넘게 들어왔어요. 그런데 아무 효과도 없었어요. 지역 경제도 전혀 활성화되지 않았죠. 인구도 계속 줄어들고 있고요. 우리나라에서는 무조건 하향식으로 파편화된 농촌 개발 사업을 시행하고 있어요. 문제는 여기서부터 시작됩니다. 농촌에서 먼저 시작해야 합니다. 선민후관, 일단 민간이 시작하면 LH에서도 집도 지어 줄 수 있고, 동창도 도와주고, 교육청, 군, 도도 도와준다는 겁니다.

장원 소장은 처음엔 관과 공도 적극적이지 않았다고 덧붙였다. 지자체 입장에서는 관내의 읍·면 지역 중 서하면만 고려할 수도 없는 노릇이고, 공공기관 입장에서도 사업의 타당성을 여러 방면에서 고려해야 한다. 살펴야 할 일도 많고 형평성과 합리성을 따져야 하는 이들을 움직인 것은 마을 사람들의 의지로 이뤄 낸 성과였다. 서하초를 살려야 하는 이유를 꾸준히 역설하고 마을이 뭉쳐 할 수 있는 모든 일을 해서 서하초가 주목받기 시작하자 변화가 시작됐다.

서하초 살리기가 단순히 시골 작은 학교의 존폐 문제를 넘어 마을과 지역을 살리기 위한 시도라는 명분을 얻자, 함양군, 함양 교육지원청, 공공기관, 연구기관도 힘을 보태기 시작했다. 이들은 초등학교를 중심으로 가족 단위의 가구가 살 수 있도록 '주택'과 '일자리'를 패키지화했다. 결과적으로 이 프로젝트는 함양군에 조그만 반전의 계기를 마련할 수 있었다. 폐교 위기에 처한 서하초는 젊은 인구를 재생산하고, 인구를 유입시키는 지역의 가능성으로 재탄생했다.

가평 두밀리 두밀초등학교 이야기

시골 작은 학교를 둘러싼 논쟁은 나름 오랜 역사를 지니고 있다. 우리 사회에서도 처음부터 시골의 작은 학교를 통폐합한 것은 아니었다. 급격한 산업화·도시화가 진행되면서 시골 곳곳의 마을이 붕괴되기 시작했다. 마을이 붕괴되는 것을 가만히 두고만 볼 수 없었던 정부는 1967년 '도서벽지교육진흥법'을 제정했다. 산간 지역, 낙도, 수복 지역 같은 지리적·경제적·문화적·사회적 혜택을 받지 못하는 지역을 '도서·벽지'로 지정했고, 의무교육 대상이 있는 도서·벽지에 우선적으로 경비를 지원해 주기로 했다. 동법 제3조에서는 도서·벽지에 학교 부지, 교실, 교육에 필요한 시설 확보, 교과서 무상 공급, 통학에 필요한 조치, 교원에 대한 주택 제공 등에 관련된 모든 경비를 다른 것에 우선해 지급하는 게 국가의 임무라 명시하고 있다. 여기에는 교육의 균형 발전과 형평성을 지향해야 한다는 생각이 깔려 있다. 당시만 해도 소규모 학교 통폐합 조치는 거론되지 않았다. 이후 이촌향도 흐름이 가속화되고 학생 수가 줄어들자 소규모 학교를 점진적으로 통폐합하는 방침이 확대되었다. 형평성보다는 교육재정의 '경제성', '효율성'이 우선시되었다.

우리에게 잘 알려진 가평 상색초등학교(당시 명칭은 상색국민학교) 두밀분교도 그 이후 통폐합 조치를 받은 학교 중 하나였다. 두밀분교 살리기는 작은 학교 살리기 운동의 시초였다. 학생 수가 적다는 이유로 시골 소규모 학교를 통폐합한 교육부의 정책에 처음으로 문제를 제기한 사례다. 교육자치제가 실시되면서 1990년대 초반 소규모 학교 통폐합이 각 시도 교육청에서 자율적으로 추진되었다. 경기도 교육감은 분교 26곳의 통폐합을 계획했고, 상색초등학교의 분교인 두밀분교도 폐교 조치를 통보받았다. 경기도 교육감은 경기도의 조례인 '경기도립학교 설치조례'에서 '상색초등학교 두밀분교'를 삭제했고, 경기도의회는 조례안을 의결했다. 조례가 통과되면 두밀분교는 곧바로 폐교되는 것과 동일한 효과가 발생한다. 이전까지 폐교 조치를 받은 학교와 주민은 대부분 수용했지만, 두밀리 주민은 받아들이지 않았다. 당시 두밀분교를 다니던 25명의 학생 중 일부는 상색초등학교로 편입했지만, 17명의 학생은 경기도교육감을 상대로 폐교 처분 취소 청구소송을 냈다.

당시 두밀리 주민들은 학생 수가 적다는 것 외에는 학교가 문을 닫아야할 이유가 없다고 주장했다. 두밀분교는 마을 아이들이 공부하는 곳일 뿐만 아니라, 농번기에는 아이들의 놀이터였다. 학부모들은 아이들의 성적보다 인성이 더 중요하다고 생각했다. 자연을 사랑하고, 학년과 학급 구분 없이 친구를 도우며, 어른을 공경하는 아이로 길러 내는 게 교육의 역할이라고 믿었다. 그런 교육은 큰 학교에서 불가능했다. 복식학급을 운영하던 두밀분교에서는 선생님은 물론 전교생이 가족이자 친구, 형제였다.

경기도 교육청은 두밀분교가 아직까지 '서당식 교육'을 하고 있다고 비판했다. 학생들이 보다 큰 규모의 학교에서 다양한 친구들과 어울리며 사회성을 배우고, 제대로 된 교육을 받을 수 있다는 것이다. 이외에도 교육재정이 비효율적이고, 교사의 업무 부담이 과중된다는 점 등을 이유로 두밀분교를 통폐합해야 한다고 주장했다.

이 논쟁은 대법원까지 갔지만, 소송을 제기한 학생들이 패소했다. 당시 대법원의 판례를 보면 조례의 소송을 둘러싼 여러 쟁점이 있었지만, 그중 분교 폐교를 둘러싼 갈등을 살펴보자. 아래는 당시 내려진 대법원의 판례 일부를 발췌한 내용이다.

"△△분교의 폐지로 인한 교육 조건(교육 내용, 교사의 수, 학교 시설, 학업 성취도, 1인당 학생 교육비 등) 및 통학 조건(거리, 시간, 교통사고의 위험성 및 겨울철의 눈으로 인한 통학 불능의 가능성 등)의 변화, 학교의 적정 규모(소규모 학교 및 복식학급의 장단점), 폐교로 인하여 지역사회에 미치는 영향 등의 제반 사정을 자세히 검토한 후, 결론적으로 두밀분교의 아동들이 상색국민학교에서 교육을 받음으로써 발생하는 긍정적인 교육 효과를 고려한다면 두밀분교의 폐지로 인한 통학 조건이 다소 악화되는 등의 부정적인 효과는 그다지 크지 않다고 할 수 없으므로, 통폐합에 관한 이 사건 조례는 재량권의 범위를 일탈한 것이라거나 두밀분교의 학생들인 원고들의 교육을 받을 권리 또는 의무교육을 받을 권리를 침해한 것이라고 볼 수 없다고 판단하였다."

폐교가 부당하다고 생각한 학부모들은 상색초등학교로 아이들을 등교 시키지 않고 마을 회관에서 자녀들을 가르쳤다. 그러자 정부는 자녀 의무 교육 불이행을 이유로 과태료를 부과했다. 현재 두밀분교 교사는 두밀연 수원으로 사용하고 있다. 당시 두밀분교 폐교를 강하게 반대한 강순원 교수의 이야기를 들어 보자.

만일 현 정부가 농정 안정책을 계획하고 있다면 그것은 영농 자금 지원이나 도로 시설 마련 같은 표피적인 정책이 아니라 농민들이 자손대로 뿌리를 내리고 살 수 있도록 학교나 보건소 시설 같은 내구적 조건에 기초한 정책이어야 할 것이다. 교육자치제의 가장 작은 단위로서 농촌 사회의 작은 학교가 실질적으로 마을의 대를 잇게 하는 뿌리 역할을 할 수 있도록 하기 위해서라도 농어촌의 폐교 정책은 철회돼야 한다.

'작은 학교'가 살아야 교육도 산다', 강순원, 〈초등우리교육〉 제52호, 우리교육(1994.6)

인구가 줄어들고, 학교에 다닐 아이들이 적어 규모가 작을 수밖에 없는 농촌의 학교를 학생 수 기준으로 예산을 배분하고, 통폐합을 권장해서 폐교를 유도한다면 앞으로 살아남을 농촌 학교는 몇이나 될까. 우리는 이런 시골의 작은 학교를 어떻게 바라봐야 할까.

시골 마을을
선택한 사람들

2장

함양에 경사 났네

2020년 함양군에서 신기한 일이 벌어졌다. 함양의 대부분 읍·면 지역에서 유소년 인구가 지속적으로 감소하는 상황에서, 관내 제일 작은 서하면 유소년 인구 변화 추이의 흐름이 바뀐 것이다. 2000년 201명, 2005년 117명, 2010년 97명, 2015년 53명, 2016년 49명, 2017년 44명, 2018년 42명, 2019년 31명까지 줄어들었지만, 2020년 이후 그래프의 방향이 상승세를 그린다. 2020년 52명, 2021년 63명. 서하초로 전학 온 학생과 학부모 덕분이다. 관내 제일 작은 면에서 이런 일이 벌어지니, 폐교 위기에서 벗어난 서하초나 송계마을뿐만 아니라 함양군으로서도 경사가 아닐 수 없었다.

나는 장원 소장의 소개로 송계마을에 새로 터전을 잡은 한나네 가족을 인터뷰했다. 아빠 승우 씨, 엄마 사랑 씨, 그리고 인터뷰 당시 나이로 첫째 5학년 한나, 둘째 3학년 소리, 셋째 네 살 예나, 막내 100일을 넘긴 감찬까지, 요즘 흔치 않은 대가족이다. 한나네 가족은 서하로 전입한 가족 중에서도 가장 먼 곳인 서울에서 왔다. 게다가 서울을 벗어난 적이 없던 서울 토박이다. 처음 인터뷰를 할 때만 해도 LH 주택이 지어지기 전이라, 이 가족은 학생 모심위원회에서 마련한 거기마을의 공동 공간을 리모델링해 살고 있었다. 리모델링 비용 중 일부는 함양군에서 지원했다. 지은 지 얼마 되지 않아 서하초로 전학 온 학부모들이 가장 부러워하는 집이라 했다. 지금 한나네 가족은 LH 주택에 거주하고 있다. 아빠 승우 씨는 직장이 서울에 있어 주말에 한 번씩 아이들을 만나러 내려온다. 그날은 마침 주말이라 승우 씨가 아이들을 보러 함양으로 내려오는 날이었다.

승우 처음에는 주말마다 내비게이션을 찍고 여기로 올 때 정말 힘들었어요. 가도 가도 끝이 없더라고요. 많이 왔다고 생각했는데도 100km 넘게 남아 있는 거예요. 제가 운전병 출신인데도 힘들었어요. 그런데 몇 번 왔다 갔다 하니까 익숙해지더라고요. 이제는 내려오면서 경치도 보고, 여유가 좀 생겼어요. 올 때마다 힐링하는 느낌이랄까. 산이며 하늘, 논밭의 풍경이 굉장히 예뻐요.

함양군은커녕 시골과는 전혀 연고가 없던 이들 가족이 서하면으로 이사 올 결심을 한 이유는 무엇일까.

아이를 위한 환경

서울을 벗어난 적이 없던 한나네 가족이 서하에 살게 된 건 우연히 본 한 기사 때문이다. 그날도 출퇴근을 반복하고, 그저 그렇게 흘러가는 보통의 날이었다. 평소와 같이 하루를 마무리하던 승우 씨의 눈길을 끄는 기사가 있었다.

'집과 일자리까지 드립니다. 함양 서하초로 오세요.'

폐교 위기에 처한 어느 시골 초등학교에서 학생을 모집한다는 이야기였다. 승우 씨의 흥미를 끈 건 '아이를 모신다'는 학생모심위원회의 발상이었다.

승우 뉴스를 보다가 학생을 모신다는 기사를 봤어요. 학생을 모신다고? 어르신도 아니고…. 처음에는 어처구니없는 소리라고 생각했어요. 그런데 시간을 두고 다시 생각해 보니 그럴듯하더라고요. 항상 우리 아이를 모시면서 키우고 싶지만, 쉽지는 않다는 생각이 들었거든요. 특히 저희는 그때도 아이가 셋이나 있었으니까 부부가 돌보는 데 한계를 자주 느꼈어요.

서울에서 맞벌이를 하던 승우 씨 부부가 평소 아이들과 함께 많은 시간을 보내기는 좀처럼 쉽지 않은 일이었다. 학습지 선생님이었던 엄마 사랑 씨는 정작 자신의 아이들과 함께 보내는 시간이 부족했다. 그래서 항상 미안한 마음이 컸다. 아이들이 여유로운 환경에서 성장했으면 하는 생각은 늘 가지고 있었지만 실현하기는 어려운 현실이었다.

승우　서울에 살 때는 아이들이 무척 외로워했어요. 저도 일하고, 아내도 아이들을 가르치는 선생님이었기 때문에 항상 바빴죠. 거의 밤 11시가 다 되어서야 집에 올 수 있었죠. 그 시간까지 애들이 잠을 안 자요. 엄마, 아빠를 기다린 거죠. 애들과 함께 보낼 수 있는 시간이 많지 않더라고요. 서울에서는 정서적으로나 경제적으로나 불안한 요인이 있다고 생각했어요.

　한창 뛰어놀 나이의 아이들은 눈을 가리고 뛰는 경주마 같았다. 국어, 영어, 수학 학원은 기본이고, 중간에는 태권도장이나 수영장에 보내기도 했다. 어떻게든 비는 시간을 채워야 했기 때문이다. 학원에 보낸다기보다는 돌린다는 표현이 더 적합했달까. 부부는 아이들을 시스템에 밀어 넣고 있다는 생각을 지울 수 없었다. 주변을 둘러보면 온통 사교육 열풍이었다. 수학은 2년 정도 먼저 배워야 하고, 유창한 영어 실력을 갖추는 것은 기본이다. 어느 동네 아파트에 사는지, 집은 몇 평인지, 차는 무엇인지 엄마들 사이에서 도는 이야기에도 회의가 들었다. 한정된 자원을 두고 치열한 경쟁을 펼쳐야 하는 도시의 환경이 버거웠다. 학부모든, 청년이든, 청소년이든 너무 빼곡히 모여서 살다 보니 당연하지 않은 것들이 '일반'이 되는 건 아닐까 하는 의구심을 지울 수 없었다.

승우 외국 아이들이 어떻게 교육받는지 다룬 다큐멘터리를 보면서 나중에 아이를 키우면 꼭 저런 데서 살아야지 생각하곤 했어요. 그런데 현실은 그렇게 하기 어렵더라고요. 그래도 저희가 어렸을 때는 서울이 이 정도로 치열하진 않았던 것 같은데…. 아내와 저도 서울에서 자랐지만 뛰놀던 기억이 많았거든요. 자라고 보니 그런 학창 시절 추억이 정말 큰 힘이 되더라고요. 그런데 제가 결혼해 애를 낳고 서울에서 키우다 보니 여기선 그런 게 불가능한 것 같은 거예요. 친구 몇몇은 환경이 좋은 곳으로 가겠다며 애들이랑 외국에 갔는데 거기서도 어려움이 많은 것 같더라고요.

그때까지도 시골 이주는 구체적으로 생각해 본 적이 없었다. 막연히 나중에 시골에 가서 살면 어떨까 하는 생각만 스치듯 해

본 게 전부였다. 하지만 이번에는 달랐다. 아이를 '모신다'는 발상이 마음을 사로잡았다. 가장 크게 와닿은 건 주택도, 일자리도 아니었다. 아이를 '모시겠다는' 위원회의 마음이었다. 우리 아이를 모신다니, 그게 가능한가?

승우 '모신다'는 단어부터 아이를 굉장히 귀하게 여긴다는 느낌이 들었어요. '집을 줍니다', '일자리를 줍니다' 같은 건 다 실현할 수 있을까 하는 의심도 들었어요. 게다가 아무리 집을 준다고 하더라도 덜컥 시골에서 살 수 있을까요? 이런 혜택만 보고 가진 못해요. 하지만 아이를 모신다는 부분에서 진지하게 고민하게 되더라고요. 교육의 주체는 사실 아이잖아요. 아이가 원하는 게 무엇인지 듣고, 아이에게 맞춰 줄 수 있는 학교구나 싶었죠.

서울 토박이 부부, 함양에 뿌리를 내리다

처음에는 호기심 반, 설렘 반이었다. 부부는 일단 12월 19일 서하
초에서 열리는 전국 설명회에 참석하기로 했다. 설명회에 가기 전,
포털 사이트에서 '서하초'를 검색했다. 로드뷰로 처음 접한 서하초
는 그가 예상한 모습보다 훨씬 더 충격적이었다. 어느 정도 예상
은 했지만, 이렇게까지 시골일 줄은 몰랐던 것이다. 서울 토박이
인 승우 씨네 부부에게 지리산 산골 깊숙이 있는 초등학교는 생
소하기 그지없었다.

승우 서하초를 로드뷰로 처음 봤을 땐 군대 연병장인 줄
알았어요(웃음). 학교 주변에 인삼밭만 보이는 거예요. 주
변을 아무리 봐도 뭐가 없어요. 정말 이게 다인가 싶더라
고요. 저희는 도시에서만 쭉 생활했으니까요. 막상 진짜
가면 어떨까 생각하니까 앞이 깜깜한 거예요.

주택과 아파트가 빼곡하게 몰려 있는 서울과 전혀 다른 세상
이었다. 눈에 띄는 건물이라곤 면사무소, 우체국, 보건 지소, 농
산물 집하장, 마을 회관 정도다. 아파트는커녕 빌라나 다세대주택

같은 공동주택도 보이지 않았고, 학교 앞에는 슈퍼나 문구점도 없었다. 당황한 승우 씨가 사랑 씨에게 말했다.

"여기 대체 뭐가 있는 거야? 주변에 논밭 말고 아무것도 없어."
"유해 환경이 없잖아."

사랑 씨의 대답에 승우 씨는 시야가 트이는 듯한 기분이었다. 아무것도 없다는 건, 반대로 그곳만의 무언가가 있다는 의미이기도 하다.

승우 아이들을 초등학교 보내기 전에 은평구 어느 골목에 살았어요. 제가 일하는 곳이 거기 있었거든요. 그런데 집 주변에 술집이며 성인 노래방, 모텔 같은 시설이 많았어요. 아이들이 저 가게는 뭐냐고 물어보는데 뭐라 대답을 하지 못하겠더라고요. 아내 말을 듣고 그때 생각이 났어요. 바꿔 생각해 보면 뭐가 없다는 게 여기만의 뭐가 있다는 뜻인 듯했죠. 일단 긴가민가하면서 설명회에 참석해 보자고 했어요.

전국 설명회 당일, 승우 씨네 가족은 함양으로 향했다. 기사를 보기 전까지는 가 본 적도, 들어 본 적도 없는 곳이었다. 부부에게도, 아이들에게도 큰 용기가 필요한 일이었다.

그러나 설명회에 다녀온 날 바로 한나네 가족은 함양에 내려가 살기로 결정했다. 가족 모두의 의견이 일치했다. 그날 설명회에서 아이들을 대하는 교직원, 학생모심위원회의 마음이 함양 이주를 결심하게 한 가장 큰 이유였다. 우리 아이를 '모신다'는 말이 그저 말뿐이 아니겠다는 느낌이 들었달까. 아이들을 바라보는 학교 선생님들의 눈빛을 보니 이곳에서는 내 아이를 정말 모시는 마음으로 대하겠구나 하는 생각이 들었다.

사랑　아이들을 대하는 눈빛부터 달랐어요. 작은 것 하나도 일일이 물어보고, 챙겨 주고, 아이들 이야기를 들어주시더라고요. 이곳에서는 우리 아이들을 정말 모시겠다는 생각이 들었죠.

아이를 따스하게 맞이한 건 학교만이 아니었다. 설명회 당일, 주민 할아버지를 만났다는 승우 씨의 눈가가 촉촉해졌다.

승우　농협에서 한 할아버지를 만났어요. 꾸깃꾸깃한 만원짜리 지폐를 차곡차곡 펴서 ATM기에 넣으시더라고요. "할아버지 뭐 하세요" 하고 여쭤봤더니, 서하초 기금을 넣는다고 하시더군요. 이 학교가 뭐라고 이렇게까지 하는지…. 여기 주민은 다 이런 마음으로 아이들뿐만 아니라, 우리 가족을 반겨 주겠다는 생각이 들었어요.

학생모심위원회, 서하초 졸업생, 마을 주민의 마음이 전해졌다. 자라나는 아이들, 아이들을 자녀로 둔 젊은 부부를 귀하게 여기는 송계마을에서는 이미 승우 씨네 가족을 모실 준비가 되어 있었다.

그래도 섣불리 결정할 수는 없었다. 승우 씨의 직장이 서울에 있기 때문이다. 위원회가 마련한 일자리는 승우 씨가 하던 일과는 전혀 다른 직종이었다. 전기차 생산업체인 에디슨모터스에서 서하초로 전학 오는 학부모를 우선 채용하겠다고 했지만, 서울에서 하던 일을 그만두고 전직을 결정하기가 쉽지 않았다. 서하면은 물론이고 함양군 전체를 둘러봐도 그의 경력을 살려 이직할 만한 기업을 찾지 못했다. 함양으로 터전을 옮기게 된다면 가족들이 떨어져 살 수밖에 없는 상황인 셈이었다.

승우　나무도 함부로 옮겨 심으면 다 죽잖아요. 아이는 물론이고 저희 부부에게도 환경을 옮긴다는 건 정말 쉽지 않은 결정이었어요. 저희는 아이가 4명이나 되니 고민이 더 컸죠. '여기 와서 뭐 하며 살지' 하고 생각하면 답이 없

었어요. 저는 하고 있던 일이 있는데, 이제 와서 다른 일
을 하기도 불안하고. 그래서 서하면으로의 이주를 섣불
리 결정할 수는 없었어요.

결국 승우 씨네 가족은 서하면으로 이주했지만, 승우 씨는 서
울에 남아 직장에 다니며 주말마다 함양을 찾고 있다.

새로운 삶을 선사하는 시골 마을

어린 자녀를 둔 젊은 부부가 시골에서 살기 위해서는 넘어야 할 난관이 많다. 그럼에도 그 모든 불안을 이기는 확신이 있었다. 아이들이 자연 가까운 환경에서 많은 관심과 사랑을 받으며 자라고, 좋은 교육을 받을 수 있다는 것은 승우 씨네 부부가 줄곧 동경하던 삶이었다. 서하초에서라면 아이가 학창 시절을 조금은 다르게 보낼 수 있겠다는 느낌이 들었다. 첫째 한나도 비슷한 기대를 했던 걸까. 설명회 당일 저녁, 한나가 서하초에 다니고 싶다고 말했다.

승우 저희는 시골에서 살아 본 적이 한번도 없어서 두려웠어요. 그런데 그날 한나가 설명회에 다녀오고 나서 저희한테 그 학교에 다니고 싶다고 이야기하더라고요. 그 말을 듣고 이주를 결심했어요. 한나가 설명회에서 영어 선생님을 만났는데, 그분이 무척 좋았나 봐요. 저희도 아이를 귀하게 생각해 준다는 느낌을 받았는데, 아이들도 똑같이 느꼈던 것 같아요.

설명회에 참석한 지 두 달 후, 한나네 가족이 송계마을로 이사를 왔다. 처음 입주한 곳은 거기마을의 산 중턱에 있는 집이었다. 원래는 마을 청년회가 관리하는 마을 공동 건물이었다. 리모델링 비용 일부는 학교와 함양군에서 제공했다.

사랑　학교에서 제공한 집들 중 저희 집이 제일 좋았어요. 지난해 5월에 지은 곳이라고 하더라고요. 다른 학부모님들도 무척 부러워했어요. 경쟁률이 꽤 높았거든요.

승우　제일 좋은 집에 들어와 놓고도, 아내는 처음엔 대문도 제대로 열지 못했어요. 전화해서 무섭다고 이야기하는 거예요. 왜 무섭냐고 물어보면 짐승들이 운다고 하더라고요. 주말에 와서 보니 개구리들이 왕왕 우는 소리였어요. 서울에서는 개구리를 좀처럼 볼 수 없으니 그게 개구리인 줄도 몰랐던 거죠. 여기에는 개구리가 정말 많더라고요.

생활환경이 바뀌자, 시야도 생각도 달라졌다. 승우 씨는 시골로 내려올 때마다 지금껏 관심조차 없었던 개구리의 생태, 자연과 인간의 조화, 지구온난화 같은 것에 대해 생각해 보게 된다고 한다. 개구리들이 여기서 어떻게 사는지, 언제 우는지 소소한 것을 알아 가는 재미가 있다.

승우 개구리가 하루살이처럼 한철에 며칠만 짧게 사는 줄 알았는데, 그게 아니더라고요. '맞아, 어릴 때 내가 보고 배운 내용인데 잊고 있었구나' 싶었죠. 서울에서는 개구리를 찾아볼 일이 없잖아요. 이곳에 와서는 저도 모르게 개구리를 찾아보고 있더라고요. 그런 제 모습에 가끔 웃음이 나와요.

사랑 씨도 막 이사 왔을 때는 마을의 감나무와 사과나무도 구별하지 못했지만, 지금은 열매를 보지 않아도 마을에서 자라는 과실나무를 구분할 수 있다며 자랑스레 말했다. 이런 게 영화에서나 보던 시골 사는 재미구나 싶고, 왠지 자연과 가까워진 것 같은 느낌이 든다고 덧붙이며 부부는 웃었다.

마을 주민의 환대

송계마을로 이주하는 것은 사랑 씨에게도 쉽지 않은 결정이었다. 남편 승우 씨와 떨어져 아이들과 함께 낯선 동네에서 잘 적응할 수 있을까 걱정이 됐다. 도시에서 아이를 키우는 엄마들은 주로 자녀를 중심으로 관계를 형성한다. 같은 아파트에 살고, 아이가 같은 초등학교에 다니는 가족끼리 여행도 가고, 서로 도와주기도 한다. 사랑 씨의 친구나 지인도 대부분 서울에 있다. 이곳에는 커피 한잔 나눌 친구도 없다. 연고가 없는 시골 생활이 외롭게 느껴질 수밖에 없다. 아이들을 생각해 귀촌을 결심했지만, 두려움이 앞섰다.

그런 사랑 씨의 불안을 잠재워 준 이들은 마을 주민이었다. 마을에 있는 교회에 다니고, 공공 근로도 하면서 사랑 씨는 주민들과 가까워졌다. 학교에서 아이들을 모시듯, 마을 주민들은 사랑 씨를 귀하게 여겼다.

사랑   저희는 도시에서 젊다고 생각한 적이 없거든요. 그런데 여기 와 보니 저희 부부가 너무 젊은 거예요. 마을 청년회에서도 막내 할아버지가 60대예요. 그동안 뉴스로만 접해서 고령화 문제를 실감하지 못했는데, 여기 와 보니 온몸으로 느껴지더라고요. 저희도 어른이지만, 여기서는 다 아들딸이라고 생각하시는 것 같아요. 아이들을 예뻐해 주시는 만큼 저희도 엄청 챙겨 주세요. 마을 어르신들의 도움을 정말 많이 받아요.

도시에서는 이웃이나 마을 공동체를 신경 써 본 적이 없다. 각 가정이 섬처럼 따로 떨어져 점처럼 존재하는 것 같았다. 하지만 송계마을에서는 달랐다. 이웃이 나의 삶 가까이에 다가오고, 마을 공동체 전체가 함께 움직이는 것 같은 느낌을 받았다.

사랑 저희 집이 마을에서 좀 떨어진 곳이라 왕래하기가 쉽지 않아요. 그런데 차를 타고 와서 아이들이랑 같이 먹으라고 음식을 가져다주시곤 해요. 코로나19 때문에 마을 회관을 닫았을 때도 종종 밥 먹으러 오라고 이야기해 주시고요. 그리고 뭘 자꾸 가져다주세요. 장조림이랑 나물이랑 바리바리 싸 들고 오셔서 "안 들어갈게" 하시곤 문 앞에 두고 가시더라고요. 저희가 불편해할까 봐 배려를 무척 많이 해 주셨어요. 눈이 엄청 온 날 제 차가 4륜차가 아니라 발이 묶인 적이 있어요. 그런데 이장님이 오셔서 걱정 말라고 하시고는 저희 아이들을 학교까지 데려다 주셨어요. 제 출근도 도와주시고요. 그런 일이 정말 많아요. 제가 먼저 다가가야 하는데, 오히려 먼저 다가와 주세요.

귀촌을 꿈꾸는 많은 이들이 시골 텃세를 우려한다. 한때는 귀촌한 이들이 역귀촌하는 이유로 꼽히기도 했다. 시골 토박이들과 친해지는 건 쉽지 않은 일이다. 오랜 세월 마을을 중심으로 똘똘 뭉쳐 온 이들에게는 낯선 이들이 침범할 수 없는 그들만의 영역이 있다. 그래서 시골살이를 꿈꾸는 많은 이들의 꿈이 좌절되곤 한다. 일부 지자체에서는 귀촌인이 늘며 선주민과 이주민 간의 갈등 민원이 잦아져 골머리를 앓는다는 이야기도 들려왔다. 마을에서 앞장서 이들을 위한 간담회를 연 곳도 있다. 송계마을에서는 그런 일이 없었을까.

사랑 저희는 학교를 중심으로 여러 가족이 단체로 이주한 거라서 좀 다른 것 같아요. 우리 가족만 따로 낯선 곳으로 갔다면 그런 일을 겪을 수도 있겠죠. 하지만 이곳에서는 아직 그런 경험을 한 적이 없었어요. 오히려 반대죠. 도시에서는 아이들이 불평의 대상이 되기도 하잖아요. 노 키즈 존이 아니어도 어딜 가든 아이가 떠드는 게 민폐로 여겨져 눈치를 많이 봤어요. 우리 아이들이 여기서는

마을의 사랑둥이예요. 어르신들 자녀들도 저희 또래니까
저희를 자식이나 손주라고 생각해 주시는 것 같아요.

송계마을 주민들도 서하초를 나온 선배이고, 서하초 졸업생의
학부모였다. 마을 주민에게는 승우 씨네 부부가 이런 시골에서 어
떻게 먹고살지, 어려움은 없을지 걱정하는 마음이 더 크다고 한
다. 마을에 활기를 가져다준 이웃이 존재만으로 고맙고, 오래도
록 함께할 수 있기를 바라는 마음이 느껴졌다.

아이를 키우려면 마을이 필요하다

인류에게 마을 공동체는 중요한 의미다. 간디는 마을이 세계를 구한다고 하지 않았던가. 그는 아이들이 물레로 실 잣는 방법을 배우면서 자연스럽게 산수와 역사, 생물학, 경제학, 지리와 농업을 알아 갈 수 있다고 믿었다. 마을이 사라지고 있는 지금이지만, 여전히 많은 이들이 마을의 중요성을 외치고 있다. 정은경 문화평론가는 마을 공동체가 저출산 문제를 해결하는 실마리가 될 수 있다고 이야기한 바 있다. 예전에는 대가족이나 마을 단위에서 함께 아이들을 키웠다면, 지금은 양육의 부담이 오로지 부부에게 떠맡겨진 구조라는 것이다. 정 평론가는 공동체 중심의 마을을 회복한다면, 양육의 부담을 나눌 수 있다고 강조했다.

명화 〈바람과 함께 사라지다〉에서 남자 주인공 레트 버틀러는 자유분방하고 냉소적인 개인이지만 스칼렛과 결혼하고 딸아이를 낳고부터는 삶의 방식을 바꾼다. 거들떠보지도 않던 이웃에게 상냥하게 인사하고 그들과 관계를 맺고 또 공동체의 일에 개입한다. 그것은 레트 버틀러가 아이를 통해 '가족, 안전, 뿌리'와 같은 가치를 새롭게 보기 시작했기 때문이다. 한 아이를 위해서는 생물학적 과정뿐 아니라 돌봄, 안전, 교육, 경제적·심리적 안정 등의 일체가 담긴 마을 공동체가 필요하다. 열악했을지라도 과거 대가족, 마을 공동체가 함께 키웠던 아이에 대한 모든 책임은 이제 취약한 개인인 젊은 엄마 아빠에게 넘겨졌다. 아이를 키우기 위해서는 그들 부모가 살고 있는 마을, 미래의 희망이 사라진 이 사회구조를 다시 재건하지 않으면 안 된다.

'한 아이를 키우려면 '마을'이 필요하다', 정은경, 경향신문, 2018. 9. 10

경북 청도에는 '노는 엄마들'이라는 공동 육아 네트워크가 있다. 남편의 고향인 청도로 귀촌한 주부 두세 명이 공동 육아를 실천해 보자며 만든 모임이 현재는 11가족으로 늘었다. 이들의 아이는 모두 29명. 한 가족 평균 자녀 수가 2.6명이다. 아이들이 뛰어놀면 동네 할머니들이 지켜봐 준다는 이들과 사랑 씨의 이야기에는 공통점이 있었다. 자신이 오롯이 부담해야 했던 양육의 부담을 옆집, 앞집 부모와 마을 주민, 나아가 지역과 함께 나눈다는 것이다.

사랑 정말 학교를 사랑하고 내 마을을 사랑하는 지역사회의 어른들이다 보니까 아이들이 지나가다 인사하면 기억해 주시고, 아이들도 그걸 다 알아요. 이곳에서 사랑받는다는 걸요. 이런 것들이 너무 좋더라고요. 학교에는 아이와 교감해 줄 수 있는 선생님이 계시고, 마을에서도 그 눈빛이 매일매일 느껴지는 거예요. 친구처럼 아이를 바라봐 주시는 시선이요. 동네 치킨집에 가서 교장 선생님 이야기를 하면, 치킨집 사장님이 그 교장 선생님이 자신의 아이 선생님이었다며 이야기가 이어져요. 아이는 물론이고 학부모와도 교감하게 되는 거죠. 이곳에서는 학교와 마을이 아이를 같이 키우는 듯한 느낌이 들어요.

시골 마을에는 눈이 오는 날이면 자신의 집 마당을 쓰는 김에 옆집 마당도 쓸고, 누구 아들 내외가 간식이라도 사 오는 날에는 마을 회관에 모여 다 같이 나누는 문화가 남아 있다. 누구 손주가 결혼하는 날이면 버스를 대절해서라도 다 같이 축하한다. 작은 학교, 작은 마을에서 사랑 씨와 아이들은 학교와 마을의 사랑을 듬뿍 받으며 살고 있다.

〈작은 학교, 학교의 길을 묻다〉에서는 '작다'는 개념이 반드시 규모의 개념이 아니라고 강조한다. 소소하지만 일상 깊숙이 파고들어 삶의 희로애락을 나누는 사람들, 서로 배려하고 돕고 의지하며 함께 생존하는 공동체가 있는 모든 곳이 '작은' 공간인 것이다.

사람들이 많이 모인다고 좋은 것도 아니고 적게 있다고

나쁜 것도 아니다. 모인 사람들이 정을 나누며 서로 아끼고 살아가는 삶터가 바로 작은 곳이다. 큰 학교라고 서로 정을 나누며 살 수 없는 것도 아니고, 꼭 작은 학교라고 모든 사람이 정겹게 살아가는 것도 아니다. '작은 곳'이란 규모의 문제가 아니라 사람들 사이의 가까운 정도를 말한다. 가까움은 함께 사는 사람들이 서로의 작은 일, 작은 것에 주목할 때 살아난다.

〈작은 학교, 학교의 길을 묻다〉, 작은학교교육연대, 내일을여는책(2016)

서하초도 마찬가지다. 작은 학교를 살리는 것이 곧 마을이 사는 길이고, 농촌이 살 길이라는 말뜻을 나는 이제야 이해했다. 동네 주민들과의 일화를 들려주는 사랑 씨의 표정을 보면서 장원 소장이 왜 작은 학교 살리기가 지역 살리기의 열쇠가 될 수 있다고 이야기했는지 깨달았다. 외부에서 들어온 입학 가구와 마을 주민들은 '서하초'를 중심으로 엮일 수 있었다. 작은 학교를 중심으로 지역을 살린다면, 농촌 공동체가 다시 힘을 되찾을 거라는 그의 확신을 비로소 목격한 것 같았다.

서하면에서 2년 만에 아이가 태어나다

2022년을 기준으로 서하면의 연령 계층에 따른 인구구조를 보자. 서하면의 전체 인구 1372명 중 0~14세 유소년 인구는 48명(3.5%), 15~64세 생산 연령 인구는 663명(48.3%), 65세 이상 고령 인구는 661명(48.2%)이다. 고령화율이 약 48%이니, 지역 주민 중 절반가량이 65세 이상의 노인인 셈이다. 2022년 기준 우리나라의 노령화 지수(유소년 인구 100명당 고령 인구 수)는 152.0명. 통계청의 장래인구추계의 중위 시나리오에 의하면 2050년 456.2명, 2060년 570.6명, 2070년 노령화 지수는 620.6명으로 예상된다. 서하면의 노령화 지수는 1377.1명. 이미 2070년의 수치를 한참 넘어서니, 시골 과소화 마을의 저출생·고령화가 얼마나 심각한지 쉽게 짐작할 수 있다. 2014년 이후 매해 서하면에서 태어나는 아이가 한두 명은 있었지만, 2019년에는 한 명도 없었다.

이렇게 상황이 심각한 와중에 2년 만에 서하면에서 출생신고가 이루어졌다. 승우 씨와 사랑 씨의 넷째 감찬이가 탄생한 것이다. 농촌에서는 아이들 한 명 한 명이 귀하지만 특히 태어나는 아이는 더 귀하다. 많은 농촌 지역에서 신생아 출생 신고자에게 유아용품은 물론 상품권이나 지원금을 주기도 한다. 마을 주민 협의회나 행정기관에서 자체적으로 마련하는데, 종류도 다양하다. 거창군 주상면에서는 유아용품과 상품권을, 음성군 극생면에서는 아기 도장을, 괴산군 소수면에서는 장학금을, 공주시 신풍면에서는 축하 액자를 제공한다. 홍천군 화천면에서는 아기의 탄생을 축하하는 현수막까지 등장했다. 부안군 진서면에서는 아기 출생 축하 간담회를 열기도 했다. 여러 지자체에서는 출생아에게 '첫만남이용권'을 주는 사업도 시작했다. 무려 1인당 200만 원을 주는 바우처 카드다. 경상남도의 한 시골 마을에서는 '웃픈' 사연도 있었다. 귀농한 젊은 부부가 출생신고를 하러 갔는데, 담당자가 출생신고 처리를 해 본 적이 없어, 오랜 시간 기다려야 했다는 것이다.

하루는 사랑 씨에게 낯선 전화가 걸려 왔다. 다름 아닌 함양 군수였다.

사랑　저희가 딸 셋만 있었는데 여기 오고 아들 한 명이 태어난 거예요. 하루는 조리원에 있는데 모르는 번호로 전화가 왔어요. 함양 군수님이라고 하더라고요. 서하면에서 2년 만에 출생 등록이 됐다고 축하 전화를 주신 거였어요. 면사무소에서도, 학교에서도 축하해 주셨어요. 아기 100일 날에는 100일 떡을 학교에 돌렸는데, 꽃다발을 주시더라고요. 저희 신랑한테도 꽃다발을 받아 본 게 언젠데…(웃음). 그런 경험은 처음이었어요.

옆에 있던 승우 씨도 웃으면서 거들었다.

승우 저는 군수라는 단어도 처음 들었어요. 처음에는 '군주'라고 들어서 장난 전화라고 생각했죠. 저희 막내가 태어났는데, 온 지역 사람들이 축하를 해 주시더라고요. 정말 신기했어요.

한나네 막내의 탄생은 이들만의 축복이 아니었다. 서하면, 나아가 함양군의 경사였다.

아이들의 내일이 기대되는 곳

무엇보다 이들 부부가 가장 신기하게 여기는 건 아이들이 변하는 모습이다. 승우 씨는 함양에 내려올 때마다 달라지는 아이들의 모습이 때론 낯설 정도다.

승우   한나가 소심한 아이라고 생각했어요. 말도 별로 없고 숫기도 없었죠. 그런데 여기 와서 많이 달라졌어요. 하루는 한나가 회장 선거에 나가겠다고 하더라고요. 그래서 회장은 이것도 해야 하고, 저것도 해야 하고, 할 게 많다고 말렸어요. 그런데 자기는 꼭 하고 싶대요. 많이 놀랐어요.

사랑 씨도 낯설긴 마찬가지다. 서울 살 때는 퇴근하고 집으로 돌아오면 아이들과 많은 대화를 하지 못했다. 아이를 가르치는 일을 했지만, 정작 자신의 아이들에겐 신경 쓰지 못했다. 항상 그 사실이 마음에 걸렸는데, 시골에 와서 한나네 가족 분위기는 180도 달라졌다. 아이들이 학교를 다녀와서는 꼭 엄마와 이야기를 하곤 한다. 덕분에 아이들과 수다 떠는 재미가 쏠쏠하다. 그날 학교에

121

서 어떤 일이 있었는지, 친구들과 뭘 했는지, 급식으로 뭘 먹었는지, 하루 동안 있었던 일을 즐겁게 이야기하는 아이들의 모습을 보면 사랑 씨도 덩달아 웃음이 난다.

사랑 그동안 몰랐던 아이 모습이 산발적으로 터져 나와요. 우리가 알던 애가 맞나 싶을 정도라니까요. '우리 아이한테 이런 모습이 있었구나' 싶은 순간이 많아요. 도시에서는 저희도 바쁘고, 저녁 늦게 오면 아이들이 기다리다가 결국 자곤 했거든요. 늘 외로워했는데 여기서는 말이 무척 많아졌어요. 마음의 여유를 찾아서 그런지, 아이들의 생각과 미래에 대해서도 자주 말해요. 물론 텔레비전도 보고, 휴대폰도 하지만요.

승우 서울에서는 인위적으로 만들어 놓은 프레임에 아이들을 집어넣고 우리가 원하는 답을 얻는 듯한 느낌이었어요. 그런데 여기서는 전혀 다른 모습을 발견하며 많이 놀라요. 스프링같이 막 튀어 나가는 애들의 모습을 볼 때마다 '그래 이런 면도 있었구나', '이런 생각을 하는구나' 싶어요.

둘째 소리도 많이 달라졌다. 서울에서 사람들하고 말도 별로 하지 않는 소심한 아이인 줄로만 알았는데, 서하면에 온 뒤로는 친구들과 이야기도 많이 하고 매우 활발해졌다고 덧붙이며 부부는 밝게 웃었다.

승우　항상 어떤 일이 있을 때마다 중간 점검을 하잖아요. 우리가 잘 온 건지, 그때 우리가 한 선택이 잘한 결정이었는지. 아이들의 모습을 보면 정말 잘한 것 같아요. 여기서는 앞으로 자라날 아이들의 모습이 더 기대되거든요.

작은 학교라서 가능한 것들

도시와 농촌 지역 아이들의 정주 의식을 비교한 흥미로운 연구가 있다. 하나의 키워드를 두고도 두 지역 아이들이 보이는 반응이 대비된다. '지역 문제'에 대해 도시 아이들은 '(길에서) 술 마시고 담배 피우는 사람이 없어져야 한다'고 표현했다. 전남 시골 아이들은 '쓰레기를 태우는 것이 싫다. 쓰레기를 태우다 보면 불이 번져 큰불로 변할 수 있고, 쓰레기를 태울 때 나오는 검은 연기가 건강을 해친다'고 답했다. '정'에 대해서도 두 지역 아이들의 반응이 달랐다. 특히 시골 아이들에게 지역은 정을 느낄 수 있는 곳이었다. '방앗간에는 아주머니들이 많이 계시는데, 그분들에게 인사를 하면 손주처럼 대해 주시고 떡을 주셔서 포근하다' 등의 표현이 나왔다. 도시 아이들은 거주지를 '기대'와 '생활 만족'이 이루어지는 장소로 인식하는 반면, 시골 아이들은 거주지를 '지역애', '자긍심' 등을 제공하는 장소로 인식하고 있었다. 연구의 일부 문장을 그대로 인용해 본다.

대전 지역 학생들은 정주라는 행위를 사람들이 삶의 질이 높은 공간을 찾는 목적합리적인 행위로 바라보고 있었고, 전남 지역 학생들은 지역에 대한 애착과 자긍심을 기반으로 지역을 지키기 위한 가치합리적 행위로서의 정주에 대한 의지를 가지고 있었다.

'도시와 농촌 학생들의 지역 환경 인식이 정주의식 형성에 미치는 영향: 대전과 전남(나주, 영광, 영암) 지역 초등학교 6학년 학생을 중심으로', 김호·남영숙, 〈환경교육〉 제30권 제4호(2017)

자라나는 아이들에게 환경은 무척 중요한 역할을 한다. 아이의 정서와 행동 발달에 영향을 미치고 성인이 되어서도 추억할 경험과 기억을 선사하기 때문이다. 혹자는 아이가 시골에서 자라면 도시 아이들에 비해 뒤처지지 않을까 걱정하기도 한다. 아이가 수준 높은 교육과정을 밟을 수 있을까, 교감하고 교류할 또래 집단이 적어 사회성이 떨어지지 않을까, 나중에 경쟁하는 분위기에 적응하지 못하고 도태되는 것은 아닐까 등등. 면 소재 초등학교를 졸업한 아이들은 상급 학교에 가기 위해서는 결국 지역을 떠나야 하니 일찍부터 걱정이 크다. 그래서 면부의 작은 초등학교 학부모들은 아이가 5~6학년이 되면 읍내에 있는 큰 학교에 보내기도 한다. 더군다나 서하면은 함양군에서 제일 작은 면이 아니던가. 학원은 물론, 교습소 한 군데도 없다. 학원에 다니려면 주변의 규모가 더 큰 면이나 읍내까지 나가야 한다. 승우 씨와 사랑 씨는 나중에 아이가 뒤처지지 않을까 하는 막연한 불안감은 없었을까.

사랑　저는 다른 면을 생각해요. 이곳 선생님은 한나가 그림을 그리거나 무언가를 하면 항상 칭찬을 많이 해 주세요. 서울에서는 그런 일이 거의 없었거든요. 작은 학교다 보니 아이 한 명 한 명에게 좀 더 집중해 주시는 것 같아요. 분위기도 서울과는 많이 달라요. 서울에서는 아이들도 정해진 길이나 역할이 있는 것 같은 느낌이었어요. 수학 예습은 언제 무엇을 어떻게 해야 하고, 내신 봉사 활동으로 뭘 해야 하고. 모두 목적이 있고 거기 도달하기 위한 공식이 있었어요. 여기서는 그렇게 하지 않아도 행복할 수 있고, 그렇게 하지 않아도 잘할 수 있다는 걸 아이 스스로가 깨닫는 것 같아요. 이런 생각을 하는 게 기특해요.

작은 학교에서는 교사 1인당 담당하는 학생 수가 적어 개별 학생에 대한 세심한 지도가 가능하다. 경쟁이 덜하고 학생 수가 적으니 상대적으로 교육청 교부금이 많아 학생 개개인이 더 많은 혜택을 받을 수 있다. 그래서 한동안 '농촌 유학'이 유행하기도 했다. 시골의 쾌적한 자연환경에서 작은 학교가 지닌 다양한 강점을 누리는 등 아이에게 더 좋은 교육 여건을 제공할 수 있다는 점이 유행을 불러왔다. 사랑 씨 또한 이런 부분을 장점으로 꼽았다. 도시에서는 사랑 씨 부부가 오롯이 감당해야 할 부분을 여기서는 학교에서 채워 주고 있다는 것이다.

사랑 사실 아이의 학습 능력이 각기 다르잖아요. 거기에 맞춰 이끌어 주어야 하는데, 도시에서는 하나하나 지켜봐 주고 관심을 기울이는 게 어려운 것 같아요. 똑같이 이끌어 가다가 못 따라오는 아이는 어쩔 수 없고. 그만큼 아이 학습에 학부모가 개입해야 하는 일이 많아져요. 제가 다 감당할 수 없으니 학원에 보내야 하고…. 더군다나 저희는 아이도 많아서 교육비 부담이 늘 컸는데, 이곳에서는 저희가 많은 비용을 들이지 않고도 학교에서 아이를 더 세심하게 돌봐 줘요. 그래서 제 모든 인간관계를 포기하고 이사 올 수 있었던 것 같아요.

교육 활동가 김윤용은 20년도 더 전인 1999년에 이상적인 작은 학교에 대해 이렇게 이야기한 바 있다.

교사들이 내 반 네 반을 떠나 학교에 다니는 아이들 하나하나를 알고 있는 학교, 교장 선생님이 커다란 나무 그늘에 옹기종기 아이들을 앉히고 이야기를 해 주는 그런 학교, 획일적으로 통제하지 않고 아이들과 교사들이 여건과 상황에 맞게 교육과정에 따라 자율적으로 수업을 진행하는 학교, 지역 공동체와 학부모가 하나가 되는 학교, 자연 속에서 자연과 교감하는 감성 교육이 자연스레 이루어지는 학교. (…) 아침 산책을 하며 가닥이 잡히지 않는 이런 저런 생각을 하며 혼자만의 에듀토피아를 상상했다.

'큰 학교와 작은 학교', 김윤용, 〈초등우리교육〉 제113호, 우리교육(1999. 7)

지금의 서하초가 김윤용이 꿈꾼 에듀토피아 같은 공간에 가깝지 않을까. 작은 학교라 불가능한 것도 있을 테지만, 작은 학교라서 가능한 것도 많다. '우리 아이 맞춤형' 교육이 가능한 곳을 어느 부모가 마다할까.

더욱이 갑자기 찾아와 세상을 바꾸어 놓은 코로나19는 이들 가족의 결정에 더욱 굳은 확신을 주었다. 도시에 비해 인구 밀도가 높지 않은 시골 환경이라 마음이 놓였다. 팬데믹 상황이 심각해지며 교육부는 겨울방학을 앞두고 수도권의 모든 학교와 비수도권의 과대·과밀 학급을 중심으로 학교 밀집도를 3분의 2 수준으로 조정했지만, 농산어촌 학교는 예외로 뒀다. 유치원, 특수학교, 소규모, 농산어촌 학교는 특성을 고려해 정상 운영할 수 있었다. 그래서 시골에서는 아이들이 매일 등교했다.

승우 짧은 주말을 보내고 서울로 갈 때면 여기 이사 오길 참 잘한 것 같다는 생각이 들어요. 아이들도 만족하고, 팬데믹 상황에 도시에서 방역을 아무리 잘한다고 해도 콩나물시루처럼 느껴지는 건 달라지지 않을 것 같거든요. 여기서는 마음의 여유를 가질 수 있고, 그래서 아이들도,

아이 엄마도 비교적 넓은 마음을 키울 수 있는 것 같아요.

아직 더 살아 봐야겠지만, 아이들이 경쟁에 스트레스 받지 않고, 유해하지 않은 환경에서 건강하게 자라나는 모습을 보며 부부는 지난 선택을 후회하지 않는다고 말했다.

그럼에도 외롭고 불편한 곳

'맹모삼천지교(孟母三遷之敎)'의 마음이었다. 어린 시절 어떤 환경에서 키우는지에 따라 자녀의 삶이 크게 달라질 수 있다. 자녀가 어릴수록 어디에서 자라고, 무슨 경험을 하는지가 큰 영향을 준다. 누군가는 강남 9학군이나 목동으로 몰리고, 누군가는 농촌으로 아이를 유학 보내기도 하는 이유다. 작가 정명원은 자녀를 어떤 사람으로 키우고 싶으냐는 질문에 이렇게 말한다.

인생의 많은 문제들로부터 담대하면서도 그 안에 숨은
작은 기쁨들과 대자연의 아름다움을 놓치지 않는 사람.

〈친애하는 나의 민원인〉, 정명원, 한겨레출판(2021)

승우 씨 부부도, 아이들과 함께 서하초로 온 다른 가족의 마음도 비슷하지 않았을까. 저마다 사연이 있겠지만, 공통적으로는 아이들이 자라는 환경이 그만큼 중요하다고 생각했을 것이다.

하지만 '아이'에게 향한 시선을 '자신'으로 돌리면, 여전히 답을 내릴 수 없다. 아무리 마을 주민이, 학교 선생님이 허전함을 메워 준다고 해도, 고립된 느낌은 쉽게 지울 수 없었다.

사랑 여기는 저녁 6시만 되어도 고요해요. 어두컴컴하고. 풀벌레 소리, 개구리 소리밖에 안 들려요. 우리 집은 산 중턱에 있어서 마을이랑도 떨어져 있거든요. 처음에는 정말 무서웠어요. 완전히 고립된 듯한 느낌이랄까. 아이들도 학교에서는 즐겁지만, 6시 이후에는 저희만 있잖아요. 아무것도 할 게 없는 거예요.

도시에서 당연하게 생각했던 것들이 이곳에서는 당연하지 않았다. 가족끼리 야식을 먹는 재미도, 저녁에 친구를 만나 차 한잔 마시는 재미도 없다. 아이들이 좋아했던 피자나 짜장면을 시켜 먹기도 쉽지 않다. 같은 시골일지라도 규모가 꽤 있는 면과 작은 면은 편차가 크다. 바로 옆 안의면은 함양군 관내 지역 중 함양읍 다음으로 인구가 두 번째로 많은 지역이다. 안의면에만 가더라도 마트, 학원, 의원도 있고, 맛집도 꽤 있다. 시외버스는 물론 서울 행 고속버스도 다닌다. 서하면에는 기본적으로도 해결할 수 없는 것이 너무나도 많았다. 마을에는 치킨집이 딱 한 곳 있는데, 일찍 문을 닫아 자주 먹을 수는 없다. 장 한번 보는 것도 여의치 않다. 서하면에는 마트가 한 군데 있는데, 손님이 없어 한동안 문을 닫았다가 최근 다시 문을 열었다고 한다. 송계마을 주민들은 기본적인 것만 마트에서 구매하고, 한 번씩 읍내로 나가 장을 대량으로 봐 오곤 한다. 서하면에 있는 마트는 오전에 방문하지 않으면 고

기나 요구르트처럼 아이들이 좋아할 만한 간식거리는 일찌감치 동난다. 애초에 물건을 많이 들여놓지 않기 때문이다. 외식을 할 때도, 은행을 방문할 때도 불편한 건 마찬가지다.

사랑 저희는 도시에서 퇴근하고 야식도 자주 먹었어요. 그게 소소한 재미였거든요. 그런데 여기서는 야식은커녕 저녁에 외식할 만한 곳도 없어요. 또 제 또래도 없잖아요. 제 친구나 지인들은 다 서울에 있으니까. 아이를 위해서 왔지만, 그런 점을 생각하면 많이 외로운 것 같아요.

사실 시골에서의 소소한 불편은 어느 정도 감수할 수 있다. 무엇보다 불편한 건 아이들이 다닐 병원이 없다는 사실이다. 막내 감찬이는 서울에서 태어났다. 사랑 씨는 서울에서 산후조리까지 마치고 내려왔다고 했다. 함양군에는 아이를 출산할 수 있는 산부인과나 산후조리원은 물론, 아이가 다닐 소아과도 부족하다. 의원·병원·종합병원 통틀어 소아청소년과 전문의가 1명이다.

사랑 이곳에서는 출산 가능한 병원이 없어요. 혹시라도 응급 상황이 발생하면 큰 병원으로 가야 하는데, 그러지 못한다는 게 두려웠죠. 실제 제가 읍내에 있는 병원 응급실에 누워 있는데, 옆에 할아버지 한 분이 계셨어요. 넘어

저서 오신 것 같더라고요. 가장 가까운 병원으로 이송하는 데 30분 이상 걸려서 이동할 때 사망해도 병원에서는 책임을 지지 않는다는 서약서에 동의를 구하더라고요. 그때는 정말 '멘붕'이었어요.

옆에 있던 승우 씨의 표정도 심각해졌다.

승우   저희는 비슷한 경험을 한번 했어요. 할머니가 강원도에서 쓰러지신 적이 있어요. 그때 산소호흡기를 달고 큰 병원으로 가야 했는데, 저희가 빨리 모시고 가서 다행이었어요. 그런데 '우리에게도 비슷한 상황이 생기면 어떡하지' 하는 걱정이 들더라고요. 서울에서 막 태어난 아기를 차에 태워서 데려오는데, 어찌나 조심스럽던지. 시골에서 산다는 게 무섭게 느껴지더라고요.

농촌의 의료 여건 중에서도 가장 열악한 게 산부인과다. 정부가 농어촌 지역 중 분만 의료 기관의 접근이 불리한 지역을 '분만취약지역'으로 지정해, 임산부의 병원 이송, 응급 의료 등을 지원하고 있는데, 함양군과 같은 군 지역의 여건은 열악하다. 분만취약지역 중 산부인과가 없는 지역은 23곳으로, 모두 군 지역이다. 많은 농촌 지자체에서 찾아가는 산부인과를 운영하기도 하지만,

그마저도 여의치 않다. 찾아가는 산부인과조차 운영하지 않는 군 지역의 비율도 절반이 넘는다. 그뿐만 아니라 여기서는 아이들이 그 흔한 예방접종을 하는 것도, 약을 타는 것도 쉽지 않다. 서울에 있을 때는 문제가 되지 않았던 일들이 여기서는 문제가 되곤 했다. 서하면 보건 지소는 사랑 씨네 식구들이 진료를 받을 수 있는 여건이 아니었다. 마을에는 노인이 대부분이라, 노인을 대상으로 한 간단한 진료가 주를 이룬다.

서하면보다 규모가 큰 안의면으로 가도 사정이 크게 다르지 않다. 보건 지소에서 주로 하는 일은 어린이 대상 충치 예방 교육, 노인 대상 치매 조기 검진, 우울증 검사, 건강검진, 한방 순회 진료 등이다. 읍내라고 상황이 좋을까. 읍내에도 구색을 갖춘 의료 기관이라고는 함양성심병원뿐이다. 대부분의 주민은 기초 진료를 제외하고는 진주, 거창, 대구 등 인근 대도시 병원으로 향한다.

사랑 여기 서하면에는 보건 지소가 하나 있는데, 거기서는 아이가 할 수 있는 게 없어요. 아이들은 필수로 해야 하는 예방접종이 많잖아요. 그런데 여기서는 예방접종 하나를 하더라도 쉽지 않아요. 함양읍까지 나가야 할 수 있더라고요. 그런데 함양읍에 가니까 예약하지 않으면 맞을 수 없대요. 주사가 없어서. 그래서 1시간 거리인 진주까지 가서 해결했죠.

어느 정도의 외로움과 불편은 참을 수 있다. 그러나 필수 인프라의 부족은 시골에서의 삶을 고민하게 만든다.

우리의 미래를 그릴 수 없는 곳

이들에게 당장 불편한 것은 문제가 아니었다. 시골에 살겠다고 결심했을 때 그런 불편함을 어느 정도 감수하겠다는 각오를 했다. 시골에서의 삶에는 장점이 많고, 대부분의 불편은 어떤 방식으로든 해결할 수 있기 때문이다. 무엇보다 막막한 건 따로 있다. 승우 씨네 부부의 미래를 그릴 수는 없다는 것이다. 인터뷰를 마무리할 즈음 부부에게 여기서 언제까지 살 예정인지 물었다. 두 사람은 선뜻 대답하지 못했다.

> **사랑** 언제까지 여기 있을 거냐고 물어보면 저희도 막막해요. 여기서는 저희의 미래를 그릴 수가 없거든요. 저희가 도시에서 떨어져 나와 이곳에서 온전히 생활할 수 없는 이유예요. 우리도 여기서 꿈을 꿀 수 있어야 하는데, 현실적으로 어렵더라고요.

귀촌한 젊은 부부가 시골에서 할 수 있는 일에는 어떤 것들이 있을까. 많은 농촌 지자체는 귀촌을 원하는 이들에게 '귀농'을 권유하곤 한다. 하지만 귀농은 이들에게 답이 되어 주지 못한다. 농업을 경험한 적도, 농촌을 경험한 적도 없는 이들이 농사를 짓는 것은 쉬운 일이 아니다. 그렇다고 이들이 할 수 있는 다른 일이 그리 많은 것도 아니다. 농촌 지자체 입장에서도 딱히 마땅한 대안이 없다. 간단한 통계를 보더라도 쉽게 유추해 볼 수 있다. 2022년 함양군 통계 연보에 따르면, 2021년을 기준으로 함양군의 사업체 수는 4838개 소인데, 이 중 주요 산업은 도매 및 소매업(1071개 소), 숙박 및 음식점업(953개 소)이고, 건설업(533개 소), 협회 및 단체, 수리 및 기타 개인 서비스업(460개 소)이 그 뒤를 따른다. 지역의 산업구조가 대부분 '소규모 영세업' 위주로 구성되어 있다. 이는 곧 지역의 현재와 미래를 책임질 지역의 핵심 주력 산업이 없다는 의미다. 이들 업체의 규모를 보더라도 4838개 소의 사업체 중 약 88%(4276개 소)가 종사자 수 1~4명인 소규모 업체다. 대기업이나 중소기업은 물론 양질의 일자리 수도 적다 보니, 외부에서 유입된 젊은 세대가 일할 만한 곳이 마땅치 않다.

사랑 우리가 귀농을 생각하고 온 게 아니잖아요. 먹고사는 문제를 쉽게 생각할 수 있는 것도 아니고요. 서하초를 보고 오긴 했지만, 저희도 새로운 것을 꿈꿀 수 있는 환경이 만들어져야 할 것 같아요.

승우 씨는 지역의 여건이 좀 더 개선되어야 한다고 이야기했다.

승우 씨네 가족과 이 지역이 함께 성장할 수 있는 환경이 필요하다는 것이다.

승우 이 부분을 해결하지 못하면 서하초 살리기도 일시적일 수밖에 없다고 생각해요. 지속 가능한 형태가 아닌 거죠. 도시에 비해 좀 부족할 순 있지만, 우리가 오래 살 수 있도록 어느 정도의 환경이 갖춰져야 한다고 생각해요.

아이들의 교육 환경만큼이나 부모의 삶도 중요하다. 승우 씨와 사랑 씨도 저마다 꿈꿔 온 라이프스타일이 있고, 일에 대한 포부와 미래에 대한 희망이 있다. 농촌의 현재 환경은 삶의 주체로서 젊은 세대가 경력을 쌓고 꿈을 키워 나가기 어렵다. 〈지방도시 살생부〉의 저자 마강래 교수는 지역 쇠퇴를 불러오는 가장 근본 원인으로 '경제적 이유'를 꼽았다. 농촌에서 사람들이 떠나는 것도, 낙후된 건물을 방치하는 까닭도 먹고사는 문제에서 비롯됐다는 것이다.

인구의 감소와 물리적 낙후 현상의 원인은 경제적 이유에 있다. 순서로 따지면 경제적 쇠퇴가 먼저 오고 다른 문제들이 뒤따라온다는 얘기다.

〈지방도시 살생부〉, 마강래, 개마고원(2017)

송계마을에 들어온 이들의 경제 문제는 여전히 물음표로 남아 있다. 일자리는 생존과도 직결되지만 삶의 만족도에도 영향을 준다. 누구나 저마다 잘할 수 있는 일이 있고, 잘 맞는 업이 있다. 단순히 먹고사는 문제로만 접근할 것이 아니라, 일의 다양성이 필요한 이유다. 도시는 '인류의 위대한 발명품'이라고 칭한 하버드대학교의 에드워드 글레이저 교수는 자신의 저서 〈도시의 승리〉에서 일자리가 다양한 도시에는 자기에게 맞는 일을 선택할 기회가 풍부하지만, 시골의 환경은 그러한 기회를 제공하지 못한다고 지적했다. 그리고 그런 시골의 열악한 환경은 인간의 노동을 통한 자아실현 욕구를 충족시키지 못한다.

젊은 학부모들이 함양군에서 선택할 수 있는 양질의 일자리는 많지 않았다. 전학 온 가구 중 대부분은 주말부부 생활을 하고 있다. 아빠는 서울이나 주변 대도시에서 일하고, 엄마와 아이들만 송계마을에 머무는 것이다. 일부 학부모는 다른 면이나 읍내에서 새로운 일자리를 구하기도 했지만, 일이 잘 맞지 않기도 하고, 여전히 일자리 자체가 턱없이 부족해 어렵다고 이야기한다.

농촌 지자체의 속사정

행정안전부는 2022년 '지방소멸대응기금'을 조성해 인구감소지역 89곳에 매해 1조 원씩 10년간 투입하겠다고 발표했다. 정부가 직접 인구감소지역을 지정한 첫 사례로, 지방 소멸 위기가 현실로 다가왔음을 확인할 수 있는 부분이다.

실제로 한 언론이 인구감소지역 89곳의 주민 600명을 대상으로 설문 조사한 결과, '3년 이내 이주 의향'이 있는 사람이 44.8%(269명)에 달했다. 주민의 절반가량은 '여건이 된다면' 언제든 거주 지역을 떠날 마음이 있다는 의미다.

이주를 희망하는 사유는 취업·창업 등 직업 관련(32.7%), 교통·편의 시설 등 생활환경(23.0%), 주택(17.5%) 등의 순이다. 이 269명 가운데 다른 시·군·구로 이주하겠다는 응답자가 72.5%였다. 전체 주민 3명 중 1명꼴(32.5%)로 3년 안에 다른 도시로 떠날 생각을 하는 것이다(89곳 중 구 단위는 광역도시인 부산과 대구의 5곳뿐이다).

이주 의향은 연령이나 권역에 따라 큰 차이는 없었다. 19~29살이 76.8%로 떠나려는 마음이 가장 컸고 40대

(75.4%), 50~64살(72.6%), 30대(63.0%)가 뒤를 이었다.

'인구감소지역 주민 44%, 3년 안에 이주', 〈한겨레21〉, 1394호(2021. 12. 27)

설문 조사 응답자 중 대부분이 지역의 미래를 부정적으로 전망하고, 젊은 사람들뿐만 아니라 연령층에 상관없이 지역을 떠날 마음을 갖고 있었다. 중요한 것은 그 이유다. 학자들은 물론 지역 주민도 지역을 떠나는 가장 큰 원인으로 일자리와 생활환경 인프라 부족을 꼽는다.

함양군도 악전고투하고 있다. 다른 지자체와 마찬가지로 산업단지와 농공단지에 어떻게든 기업을 유치하기 위해 애쓰고 있다. 다양한 입주 기업 지원 제도를 마련해, 함양군으로 이전하는 기업은 '지방 투자촉진보조금', '경상남도 투자유치보조금', '함양군 자체 투자유치보조금'의 지원을 받을 수 있다고 홍보하고 있다. 지방 투자촉진보조금은 지방에 투자하는 기업의 자금 부담을 덜어주기 위해 지자체가 유치한 투자 기업의 투자 금액 일부를 중앙정부나 지자체가 공동으로 지원하는 보조금이다. 제조업, 정보통신 산업, 지식 서비스산업 기반의 수도권 소재 기업이 이전하거나 지방 기업이 신·증설 투자할 경우, 부지 매입비와 설비투자에 최대 100억 원까지 지원받을 수 있다.

그뿐 아니라 자체적으로 일자리를 발굴하는 사업도 진행한다. 공공 근로 사업과 노인 일자리 사업은 물론 함양농업대학, 함양 임업대학을 운영해 전문 인력을 양성하겠다는 야심 찬 계획도 세웠다. 청년구직활동수당 지원, 중소기업 및 소상공인 육성기금 마련 등 지역의 중소기업을 되살리는 노력도 포함했다.

그럼에도 상황이 여의치 않다. 법인세, 소득세, 투자 보조금 등을 감면하는 인센티브가 있더라도, 기업은 농촌을 택하지 않는다. 제조업 기반의 기업도 관련 배후 기업이 집적된 곳, 사람들이 충분히 있는 곳이어야 한다. 기업이 없으니 사람이 없고, 사람이 없으니 기업도 오지 않는다. 함양에는 일반 산업단지 2개 소, 농공단지 6개 소가 있다. 몇 없는 입주 업체는 소규모 영세업종이고, 대부분 산업단지와 농공단지는 오래도록 미분양 상태다. 다른 인구감소지역의 상황도 대개 비슷하다.

지역의 미래를 책임질 주력 일자리는 비기반 산업이 아닌, 기반 산업이어야 한다. 그래야 지역의 지속 가능성을 장담할 수 있다. 농촌의 실정에 맞는 기반 일자리를 갖추고, 여러 상업·문화 기능, 공공 기능을 갖춘다면 지역의 미래를 지금보다는 낙관적으로 그려 나갈 수 있지 않을까. 2019년에는 희망찬 소식도 있었다. 함양군이 한 대형 유통 기업과 투자 협약을 맺고 물류 센터 건립을 추진한 것이다. 그러나 2023년에 이 사업이 무산되며 군민의 실망도 커졌다.

함양군에는 함양군의 의지만으로는 해결할 수 없는 문제가 많다. 많은 전문가는 이미 농촌 쇠퇴가 되돌리기 힘든 임계점을 넘어섰다고 진단하기도 한다. 농촌 지자체와 전문가들이 농촌만의 '양질' 일자리에 대한 정부 차원의 강력한 개입이 필요하다고 말하는 이유다. 보금자리는 해결되었지만 여기서 먹고사는 문제는 여전히 오리무중인 승우 씨네 부부가 이곳에 언제까지 있을 거냐는 물음에 선뜻 대답하지 못하는 것이 당연하게 느껴졌다.

승우 작은 것부터 하나씩, 단계적인 플랜이 있었으면 해요. 우리 지역을 위해 무엇이 더 좋은지 다양한 플랜 중에 어떤 것이 나을지, 공동으로 무엇을 할지 구체적으로 제시하고 실천 가능한 것을 단계별로 하나씩 해 나갔으면 좋겠어요. 그러면 저희도 기대를 하고 꿈을 꿀 수 있겠죠. 단순히 아이만 생각하고 이주하면 지금이야 아이 교육과 행복이 우선순위였지만, 우리도 언제든 생각이 바뀔 수 있잖아요. 아이들을 기르는 엄마, 아빠의 생활을 밑받침할 다양한 플랜이 필요한 것 같아요. 조심스러운 부분이지만 우리도, 지역도 같이 노력해야 한다고 생각해요. 저희가 서하면에 들어온 것을 계기로 앞으로 작은 공동체가 만들어져 새로운 문화가 생기고, 나아가 함양도 좀 더 살기 좋은 곳이 되면 좋겠어요.

함양군은 지난 2021년 국토교통부의 지역 개발 사업인 투자선도지구 공모 사업에 선정되었다. 지역에 거점 일자리 창출을 위해 국비를 지원하는 이 사업에 선정된 덕분에 함양군은 재정 지원은 물론 규제 특례, 세제 감면 등 다양한 혜택을 약속받았다. 지난 2022년에는 행정안전부가 시행하는 지방소멸대응기금 배분 평가에서 최고 등급인 A등급을 받아 사업비를 확보하기도 했다. 절망과 희망이 교차하는 와중에도 생존을 위해 고군분투하는 지자체의 노고가 엿보이는 듯했다.

송계마을에는, 함양군에는 여전히 남은 과제가 많다. 서하초 프로젝트의 성공으로 잠깐 활력을 찾았지만, 지속 가능성을 확보하지 못한다면 다시 원점으로 돌아갈 공산이 크다. 폐교 직전의 위기에도 결코 쉽게 무너지지 않았던 서하초가 그랬던 것처럼, 함양군과 전국의 소멸 위기에 처한 지역도 희망을 놓지 않고 상황을 타개하고자 안간힘을 쓰는 것이 보인다. 지금도 농촌 지자체들은 소멸 위기를 딛고 일어나 다시 지역이 미래를 그릴 수 있을 기적을 꿈꾸고 있다. 그러기 위해 필요한 것은 무엇일까.

승우 농사지을 때 태풍이 오면 어쩌나, 가뭄이 오면 어쩌나 하는 걱정을 미리 하고 포기하진 않잖아요. 저희도 비슷한 마음인 것 같아요. 서하라는 곳에서 아이를 키우기로 했고, 지금은 그저 아이들이 성장하는 모습을 지켜보는 중이에요. 여기서 얼마나 잘 자라고 있는지.

성장해야 하는 건 어린아이들뿐만이 아닐 것이다. 지역도 함께 성장해야 한다. 아이들과 함께 성장할 지역의 미래를 위해서도 이곳에 새로 이주한 사람들이 농촌에서 보내는 여생을 구체적으로 상상할 수 있어야 한다. 그래야 서하초 살리기 프로젝트가 비로소 의미를 지니고 진짜 '기적'으로 기록될 수 있을 것이다.

3장

작은 학교와
함께 만들어 가는

농촌의 미래

전국으로 퍼진 작은 학교 살리기 운동

"애향심, 애교심이 모여 학교를 지켜 내고 개교 100주년 행사도 잘 치러서 기분이 너무 좋습니다."

'"온종일 돌봄, 전교생 국외연수" 폐교 위기 땅끝 초등학교의 반전', 김용희, 한겨레, 2022. 11. 13

전남 해남군 북일면의 유일한 초등학교인 북일초에서도 학교 살리기에 나섰다. 1922년에 개교해 한때 해남에서 가장 큰 초등학교였던 이곳도 2019년 학생 수가 20명 이하로 줄어들었기 때문이다. 최소 정원이 20명은 되어야 폐교를 면할 수 있겠다고 생각한 동문회에서 할머니 4명을 입학시키기로 했다. 1학년 할머니 4명 덕분에 20명을 간신히 채울 수 있었다. 그렇게 위기를 넘겼지만 그 후에도 학교의 상황이 좋아지진 않았다. 이대로라면 북일초는 2022년 개교 100주년을 맞이할 수 없었다. 동문회를 중심으로 지역 주민, 학교, 학부모가 힘을 합쳤고, '북일면 주민자치회'가 꾸려졌다. 해남군청, 북일면사무소, 해남교육지원청도 북일초 살리기에 합류했다. 자치회는 홍보 팀, 주거안정 팀, 일자리안정 팀 등으로 나뉘었다. 주거안정 팀원은 마을을 돌아다니면서 빈집 15채를 확보했다. 북일초로 전입하는 가구에는 빈집을 월

10만 원에 빌려주기로 했다. 일자리안정 팀은 학부모를 위한 일자리를 찾으러 다녔다. 지역신문사에 구직 광고를 내기도 했다. 요양보호사, 간호사, 지게차 운전사 같은 일자리에 대한 구인 문의가 들어왔다. 전국 각지의 북일초 동문들이 기금을 보내와 무려 4억 5000만 원의 후원금이 모였다. 학교는 학생들에게 재학생 전원 해외 연수 기회 제공, 입학생과 졸업생 장학금 100만 원 지원, 도서 지원, 사계절 생태 체험 활동 지원, 온종일 돌봄 센터 운영 등 다양한 혜택을 제공하기로 했다. 학부모들에게도 빈집을 저렴하게 임대하고, 무상으로 집을 수리해 주기로 했다. 장기 LH 임대주택에 입주할 수 있는 혜택도 포함되었다. 학부모에게 일자리를 알선하고, 이들 중 지역에서 사업을 하길 원하는 이들에게는 가게 터를 저렴하게 확보해 주는 등 안정적인 정착을 위한 지원을 아끼지 않았다.

2021년 11월 3일, 북일초 추진위는 '학생 모심 설명회'를 열었다. 일주일 후에는 추진위, 마을 주민, 학생들이 서울 시청 앞에서 학생 모심 기자회견도 열었다. 전국에서 입학 문의가 빗발쳤다. 그해 12월 서울·경기·강원·충청 등 전국 각지에서 22가구(97명)가 북일면으로 이사 왔다. 2023년 기준 북일초의 학생 수는 무려 47명에 달한다. 불과 2년 만에 2배 가까이 늘어난 것이다. 해남군은 지방소멸대응기금 예산을 투입해 현산면, 계곡면의 3개 초등학교에도 작은 학교 살리기 운동을 적용해 나가기로 했다.

경남 거창군 신원초의 사례도 서하초, 북일초와 유사하다. 2020년 당시 학생 수가 23명에 불과했다. 2021년에는 새로운 입학생이 없자, 동문회를 중심으로 신원초 살리기에 나섰다. 이들은 '신원신바람위원회'를 꾸리고 거창군청과 함께 전입 학생과 학부모를 위한 다양한 지원책을 만들어 나갔다. 위원회는 폐교 위기 탈출 계획서도 작성했다. 전교생 장학금 지급, 무료 방과 후 학교, 체육복과 운동화 지급, 체험 학습비 전액 지원을 약속했다. 5개월간 3000만 원이 넘는 기금이 모였다. 신원면도 자체적으로 계획을 세웠다. 이름하여 '신활력 신원면' 프로젝트. '당신을 위한 굿잡(Job)' 계획으로, 학부모를 위한 일자리를 제공하겠다는 계획을 담았다. 골프장, 코로나 방역, 산불감시원 같은 공공 일자리, 거창에 있는 승강기 산업단지 일자리 등 꽤 다양한 일자리를 약속했다. 면사무소에서 전입 가구를 위해 제공하겠다는 지원금의 종류만 족히 15가지가 넘었다. 양육 지원금, 세 자녀 이상 가정 고등학생 학자금, 전입 정착금, 출산 축하금, 심지어 쓰레기봉투, 문화예술 관람권, 과일 퓌레 이유식도 지원하기로 했다.

2023년 기준, 34명의 학생이 신원초에 다니고 있다. 거창군에서는 신원초, 가북초에 이어 북상초, 주상초도 경남 작은 학교 살리기 공모 사업에 선정됐다. 거창군으로서는 경사가 아닐 수 없다. 구인모 거창 군수는 '폐교 위기를 기회로 활용하겠다'며 거창군의 6만 인구를 지켜 내겠다는 포부를 밝혔다.

이제 서하초는 농촌 작은 학교 살리기의 메카가 된 듯하다. 지금도 많은 지자체와 교육청, 작은 학교가 서하초를 벤치마킹하고 있다. 작은 학교 살리기 운동은 지금도 전국 곳곳으로 퍼져 나가는 중이다.

서하초가 불러온 나비효과

2020년 전교생 10명에 불과했던 서하초에는 2023년 기준 24명의 초등학생이 학교에 다니고 있다. 1학년 2명, 2학년 4명, 3학년 4명, 4학년 5명, 5학년 6명, 6학년 3명으로 6학급이 유지되고 있다. 여기에 유치원생 7명을 합하면 31명이다. 도시의 학교에 비하면 터무니없이 적은 수일지라도, 농촌 작은 학교 사이에서는 기적에 가까운 일이다. 마을도 활기를 찾았고 50여 명이 넘는 사람들이 함양군에 터전을 잡았다. 단기간에 이렇게 많은 가구가 집단 이주하는 경우는 흔치 않다. 그래서일까. 전국 설명회가 성황리에 끝난 후에도 많은 사람이 서하초에 주목했다. 언론은 일제히 '지역도 학교도 살린 함양 서하초 '학생 모심' 작전', '학생 모집 파격 공약 함양 서하초 기적 일궜다… 전교생 2배로' 같은 기사를 쏟아냈고, 기사를 본 사람들의 문의가 또다시 이어졌다.

  사람들은 이를 두고 '서하초의 기적'이라고 불렀다. 이제는 서하초 모델이 농촌 정비 사업의 일환으로 퍼져 나갔다. 주거 기능을 기반으로 학교와 일자리를 결합한 모델이라 '주거 플랫폼 모델'로 불린다. 중앙정부도 나섰다. 국토교통부는 폐교 위기의 초등학교를 살리면서 주변 마을의 일자리와 SOC를 정비하는 주거 플랫폼 조성 사업을 공모했다. 기존 지역 개발 사업의 지역 수요 맞춤 지원 공모 사업에서 '작은 학교 살리기 주거 플랫폼 공모사업'을 지원했다. 지난 2021년에는 3개 지자체(거창군·영동군·옥천군)가, 2022년에는 5개 지자체(거창군·괴산군·남해군·옥천군·해남군)가 선정됐다. 국토교통부는 이들 지자체에 전·입학 가구를 위한 공공 임대주택 10~30호와 어린이 도서관이나 체육관 등 생활 기반 시설을 공급할 계획을 밝혔다. 2023년 국토교통부의 지역 수요 맞춤 지원 사업에 충남 공주시의 '100년 정안초 작은 학교 살리기'가 선정됐다. 총 사업비는 66억 2000만 원(국비 25억 원, 지방비 11억 2000만 원, 기타 30억 원)이 투입된다. 공주시는 이 사업비로 정안초와 정안면에 골프 특성화 프로그램, 학교 시설 개선 사업, 방과 후 교육 돌봄 지원, 지역민과의 교류 활성화를 위한 에듀 카페·마을 학원·주민 사랑방 운영 등을 계획했다. 이에 더해 공주시는 지방소멸대응기금으로 10가구 규모의 공공 임대주택도 짓기로 했다. 최원철 공주시장은 "이 사업이 인구 소멸 위기에 놓인 농촌 지역 문제 해결에 마중물 역할을 할 수 있도록 힘쓰겠다"고 강조했다.

LH는 함양군을 '농촌 유토피아 시범 사업 1호 대상지'로 선정하고, 서하초처럼 폐교 위기에 처한 초등학교를 중심으로 소규모 주택단지를 조성하는 사업을 확대해 나가기로 했다. 경남과 LH는 매년 '경남 작은 학교 살리기 사업'을 추진하는 협약도 맺었다. 경남과 교육청이 협력해 전국의 초등학생 자녀를 둔 학부모 중 시골로 이주하길 원하는 이들이 지역에서 정착할 수 있도록 지원하기로 했다. 선정된 학교와 마을에는 경남과 교육청, 해당 지자체가 5억씩 부담해, 15억 원씩 모두 45억 원의 사업비를 지원한다. 경남도와 지자체에서는 임대주택 부지, 빈집 수리 비용, 일자리 지원을 약속했고, 교육청과 작은 학교는 지역과 연계한 맞춤형 교육과정을 계획한다. 지자체에서는 학교 주변의 빈집이나 통학로를 정비하는 데 지원하기도 한다. 2019년 서하초를 시작으로 2020년부터 2022년까지 7개 학교가 사업 대상 학교로 선정되었다. 2020년 선정된 고성 영오초, 남해 상주초에는 총 39가구, 137명이 이주했고, 2021년 선정된 의령 대의초, 함양 유림초에는 22가구, 103명이 이주했다고 한다. 2022년 선정된 의령 화정초, 고성 삼산초, 거창 북상초에는 LH 임대주택이 이미 지어졌거나, 건립이 진행 중이다. 2023년에는 세 곳의 학교(남해 성명초·거창 주상초·합천 묘산초)가 선정됐다.

지난 2021년 1월에는 서울시교육청과 도농상생국민운동본부, 농촌유토피아연구소 등 8개 기관이 '농산어촌 유토피아 시범마을'을 조성하겠다는 협약도 맺었다. 서울시교육청은 농촌 유학을 원하는 이들을 모집하고, 각 지자체는 유학생 가족이 정착하는 데 필요한 것을 지원하기로 했다. 전북 정읍, 전남 곡성, 전남 해남, 경남 고성 등 네 곳이 지정됐다. 이들 기관은 100호 규모의 마을을 구축해 농촌 유학을 마중물 삼아 농촌 마을 공동체를 살리겠다는 목표도 세웠다.

교육부도 이러한 흐름을 인지한 걸까. 시골 작은 학교 통폐합에 대한 기조는 유지하고 있지만, 작은 학교에 대한 재정적·행정적 지원을 약속하는 등 작은 학교 살리기를 지지하는 작은 변화도 있었다. 교육부는 2020년부터 농어촌 학교의 우수 운영 사례를 선정하는 '농어촌 참 좋은 학교 공모전'을 추진했다. 전국 곳곳의 여러 교육청에서 면 지역의 작은 학교 살리기를 지원하기 위한 예산도 편성했다.

그야말로 작은 학교 붐이었다. 빠른 속도로 서하초 모델이 주변으로 퍼져 나가는 것을 보며 나는 조금 놀랐다. 서하초로 온 이들이 안정적으로 정착하기 위해서는 더 많은 시간과 노력이 필요하다고 생각했기 때문이다. 내가 보기에 서하초 사례가 지속적으로 이어지기 위해서는 해결한 과제보다 앞으로 해결해야 할 과제가 더 많았다. 고무적인 성과를 이루었다고는 하지만 여전히 작은 학교는 작은 학교대로, 농촌은 농촌대로 제각각 생존을 걱정하는 상황은 변하지 않았다.

학생모심위원회가 의기투합해 전국 설명회를 개최한 지 3년이 흘렀다. 학교 살리기의 주축이던 신귀자 교장은 인근의 안의초등학교로 발령받았고, LH 담당자들도 다른 지역 본부로 발령받았다. 서하면사무소, 함양군청 등 관에서 프로젝트를 담당하던 이들도 보직이 변경되었다. 그간 많은 것이 바뀌었지만 소멸 위기에 놓인 농촌의 현실은 여전히 제자리다. 서하초는 그 사이에서 잠시 숨을 고르고 있는 것은 아닐까.

한국교육개발원의 '2022년 교육 통계 연보'에 따르면, 2020년 기준 전교생 60명 이하인 초등학교는 모두 1362개 교다. 전체 초등학교 6163개 교 중 약 22%나 차지한다. 초등학교 다섯 곳 중 한 곳이 전교생 60명이 채 안 된다는 의미다. 지역별로 보면 편차가 크다. 전북이 203개 교로 가장 많고, 그 뒤로는 경북(201개 교), 전남(199개 교), 강원(164개 교), 경남(161개 교), 충남(161개 교) 순이다. 대부분이 비수도권 농어촌 지역에 있는 학교다. 전교생 30명 이하인 초등학교도 512개 교로, 전체 초등학교의 약 8%를 차지한다. 학생 수 30명 이하인 초등학교도 마찬가지로 전북(105개 교), 경북(91개 교), 경남(82개 교) 순으로, 시골 지역에 있는 학교가 대부분이다. 여기서 제외된 180개의 분교장을 포함하면, 전교생 30명 이하의 초등학교가 전국에 약 690여 개 교가 있는 셈이다.

시골의 모든 작은 학교가 서하초가 될 수는 없다. 여기에는 두 가지 이유가 있다. 첫째는 학령인구가 매해 꾸준히 감소하고 있기 때문이다. 이는 우리 사회의 '저출산·저출생' 문제와 관련 있다. 2023년 통계청이 발표한 '2022년 출생 통계'에 따르면, 228개 모든 시·군·구 지자체의 합계 출산율은 0.78명. 대체 출산율(한 국가가 현재의 인구 규모를 장기적으로 유지하는 데 필요한 출산율의 수준)인 2.1명보다 낮다. 이 중 서울의 출산율이 0.59명으로 가장 낮다. 합계 출산율 하위 10개 지역(시·군·구) 중 6개 지역이 서울이다. 최근에는 서울시 교육청이 2035년까지 서울의 초·중·고 학생 수가 절반가량으로 줄어들 것으로 예측해, 서울시에서도 분교·폐교가 속출할 것이라는 기사도 났다. 온 나라가 저출생 문제로 떠들썩한데, 이미 학생 수가 줄어들 대로 줄어든 시골 초등학교의 상황은 어떠하랴.

간략한 통계만 보아도 앞으로 폐교의 문턱을 넘지 못할 학교 수가 큰 폭으로 증가할 거라는 사실은 자명한 듯 보인다. 우리나라의 학령인구는 1980년대에 1400만 명대를 기록하며 정점을 찍은 이후 심각한 하향세를 벗어나지 못하고 있다. 2023년 기준 우리나라의 학령인구(6~21세)는 약 726만 명, 그중 초등학생 수(6~11세)는 약 266만 명이다. 통계청에서 추계한 중위 시나리오대로라면 약 50년 후인 2070년에 우리나라 학령인구는 약 328만 명으로, 초등학생은 109만 명까지 줄어들 전망이다.

최근 강원특별자치도교육청이 발표한 '2024~2028학년도 중장기 학생 추계'에 따르면, 저출생의 여파로 도내 초·중·고등학생 수의 감소세가 예상보다 훨씬 빠른 것으로 나타났다. 2023년 기준 도내 학생 수는 약 14만 3000명으로, 2022년 약 14만 6000명에 비해 3000명 정도가 줄었다. 2.25% 감소한 셈이다. 1년 사이 1000여 명(0.73%) 정도 감소할 것으로 전망했지만, 약 3배 이상의 차이를 보였다. 도 교육청은 2024년 초등학교 분교 네 곳의 폐교, 본교 두 곳의 분교장 개편 계획을 세웠다.

통계는 아이가 가장 적게 태어나는 나라의 현실을 그대로 알려 주고 있다. 다만 농촌과 시골의 작은 학교가 먼저 그 역풍을 맞았을 뿐이다. 2023년 2월에는 서울 광진구의 화양초등학교가 폐교하며 수도권 학교들도 예외가 아님을 확인시켜 주었다. 앞으로 학생 수가 적어져 문을 닫고, 애물단지로 전락할 초등학교가 얼마나 빠른 속도로 증가할까.

아이가 적게 태어나는 초저출생 국가에서 작은 학교와 마을 살리기 활동은 언젠가 꺼지고 말 촛불에 불과한 것처럼 보인다. 학생 수를 분교 격하 직전의 마지노선 수준으로 유지한다고 하더라도 장기적으로는 결국 작은 학교끼리 빼앗고 빼앗기는 제로섬 게임이 될 공산이 크다. 작은 학교와 마을을 살리기 위한 여러 노력이 무색하게 말이다. 이런 상황에서 서하초 모델이 생존의 기로에 놓인 시골 초등학교와 농촌 지역에 가뭄 속 단비 같은 역할을 계속할 수 있을까?

모든 학교가 서하초가 될 수 없는 또 다른 이유는 작은 학교에 드는 비용이 많기 때문이다. 이는 '농촌에서의 인구 유출 현상'과 관련이 있다. 젊은 인구가 농촌을 떠나니, 시골에는 학교를 다닐 아이가 줄어든다. 학생들이 줄어드니, 작은 초등학교는 운영과 유지가 어렵다. 학생 1인당 투입 비용이 만만치 않기 때문이다.

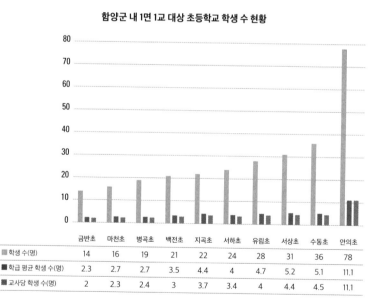

함양군 내 1면 1교 대상 초등학교 학생 수 현황

	금반초	마천초	병곡초	백전초	지곡초	서하초	유림초	서상초	수동초	안의초
학생 수(명)	14	16	19	21	22	24	28	31	36	78
학급 평균 학생 수(명)	2.3	2.7	2.7	3.5	4.4	4	4.7	5.2	5.1	11.1
교사당 학생 수(명)	2	2.3	2.4	3	3.7	3.4	4	4.4	4.5	11.1

자료: 학교알리미(www.schoolinfo.go.kr)

다시 함양군의 상황으로 돌아가 보자. 함양군에는 함양읍을 제외하고 10개 면이 있다. 2023년 5월 기준, 규모 순대로 안의면, 수동면, 마천면, 지곡면, 서상면, 유림면, 휴천면, 백전면, 서하면, 병곡면이다. 이 중 약 4000명 규모인 안의면을 제외하고 대부분 면의 인구는 1300~2400명 정도에 그친다. 10개 면에는 10개의 초등학교가 있다. 10개 학교의 평균 학생 수는 28.9명, 학급 평균 학생 수는 4.6명, 교사당 학생 수는 4.1명이다.

이번에는 함양군과 강남구의 초등학생 1인당 투입된 정부 예산을 비교해 보자. 학생 수가 적은 순으로 함양군 5개의 공립 초등학교(금반초·마천초·병곡초·백전초·지곡초) 전교생을 합치면 92명이다. 이 5개 학교의 총예산 중 정부 이전 수입 합계가 27억 원가량이다. 이를 다시 92명으로 나누면, 5개 학교에서 학생 1인당 투입된 정부 예산은 2971만 원인 셈이다. 똑같은 방식으로 강남구에 있

학생 1인당 투입된 정부 예산 비교 (함양군 vs 강남구)

함양군				강남구			
지역	학교명	학생 수(명)	정부 이전 예산(천 원)	지역	학교명	학생 수(명)	정부 이전 예산(천 원)
휴천면	금반초	14	566,222	일원동	대청초	105	377,926
마천면	마천초	16	597,659	수서동	수서초	142	380,056
병곡면	병곡초	19	538,978	논현동	논현초	248	517,287
백전면	백전초	21	450,383	개포동	대진초	265	451,656
지곡면	지곡초	22	579,998	일원동	영희초	306	542,911
계		92(A)	2,733,240(B)	계		1066(A)	2,269,836(B)
학생 1인당 투입된 예산 (B/A)			29,709	학생 1인당 투입된 예산 (B/A)			2,129

자료: 학교알리미(www.schoolinfo.go.kr)

는 공립 초등학교 다섯 곳(대청초·수서초·논현초·대진초·영희초)과 비교했을 때, 학생 1인당 투입된 정부 예산은 약 213만 원으로 줄어든다. 함양에 있는 5개 초등학교 아이들에게 투입되는 1인당 예산액이 강남구 아이들에 비해 무려 14배가 많다.

두 지역의 상황을 비교하기 위해 간단하게 살펴봤지만, 어쨌거나 시골 마을의 작은 초등학교를 유지하는 데 많은 비용이 따른다는 점은 분명하다. '서하초 살리기'가 크게 주목받은 이후 당장 주변 마을의 금반초, 마천초, 병곡초, 서상초도 학교 살리기 운동에 나섰다. 생존 기로에 서 있는 이들 학교도 절박하기는 서하초와 매한가지다. 그러나 이러한 과열은 공멸을 불러올 뿐이다.

모든 학교의 사정을 서하초 모델로 돌파하기는 어려운 현실이다. 통계청의 국가통계포털 e-지방지표에 따르면, 최근 10년(2012~2022년)간 함양군의 초등학생 수는 1857명에서 1311명으로, 유치원생은 479명에서 283명으로 줄었다. 이런 상황을 외면한 채 어떻게 전교생 14명인 금반초도, 19명인 병곡초도, 21명인 백전초도 모두 살 수 있다고 말할 수 있을까.

시골 학교 운영의 비효율적인 구조는 경제적 측면에서만 그치는 것이 아니다. 교직원의 업무 부담 또한 만만치 않다. 한 교직원은 시골의 작은 학교를 '교사들이 거쳐 가지 않는 곳'이라고 표현하기도 했다. 작은 학교는 도시에 비해 교사가 해야 할 업무가 훨씬 많기 때문에 교사들이 기피한다는 것이다. 교원들은 업무 과

중에 시달리다 다른 학교로 떠나고 이런 악순환이 반복되다 보니, 작은 학교는 경력 적은 교원이 주를 이루어 교육 시스템이 정상적으로 운영되기 어렵다. 여건이 되는 학생들은 환경이 더 낫고 친구가 더 많은 읍으로 전출을 가기도 한다. 그렇게 작은 학교는 더욱 쪼그라든다.

저출생 현상과 맞물린 '학령인구 감소'와 농촌에서의 인구 유출 현상과 맞물린 '고비용·저효율의 작은 학교의 한계'가 합쳐지면, 시골의 작은 학교가 살아남아야 하는 당위성은 쉽사리 꺾이고 만다.

교육 수요자가 줄어드는 지역에 세금을 투입해 학교를 유지하는 것이 언제까지 가능할까. 작은 학교 살리기에 드는 비용과 에너지도 만만치 않지만, 그 비용을 감당하더라도 지속 가능성을 장담할 수 없다. 상황이 이렇다 보니 언제까지나 교육의 형평성만 주장할 순 없다. 작은 학교 살리기에 동문의 기금을 활용한다 하더라도 재원이 일시적이고 한정적이니 계속 의존할 수 있는 상황도 아니기 때문이다. 꾸준히 지속되려면 어느 정도의 규모가 필요하다. 우리 사회는 점진적으로 작은 학교를 구조 조정해 나가야 하는 상황에 직면했다.

한계 마을로 향하는 시골 마을

아무리 투자해도 대책이 없는 기업을 '한계 기업'이라 한다. 보통 영업이익이 이자 비용에도 미치지 못하는 기업이다. 이들은 밑 빠진 독처럼 재정 보조금을 그냥 삼켜 버리기만 한다. 이런 한계 기업이 목숨을 부지해 시장에 쌓일 경우, 경제 전반에 악영향을 끼친다. 그러니 국가도 도움의 손길을 내밀지 않는다. 도산 위기에 처한 기업을 한계 기업이라 부르듯, 마을에도 한계란 딱지가 붙고 있다. 과소화되고 고령화된 시골 마을, 정부가 아무리 많은 돈을 쏟아부어도 회복되기 힘든 곳이기에 붙인 이름이다. 일본에서는 65세 이상 고령자가 50% 이상인 마을에 한계라는 접두어를 붙였다. 기능이 한계에 다다른 마을의 다음 종착지는 '소멸 마을'로 향한다. 우리는 이러한 방향성을 보이는 마을을 '오지 마을', '과소 마을', '낙후 마을', '공동화 마을'이라는 다양한 이름으로 부르고 있다.

중앙정부는 어려워지고 있는 농촌을 그냥 손 놓고 바라만 보진 않았다. 읍, 면 할 것 없이 '농어촌'이라는 표제하에 시행되는 중앙 정부의 공모 사업은 일일이 나열하기도 어렵다. 천문학적인 비용이 농촌 곳곳에 투입되고 있다. 이 사업들에 적게는 20억 원, 많게는 100억 원이 넘는 비용이 투입된다. 주관 부서, 예산 구속력, 내용 범위도 다 다르지만 사업 취지는 엇비슷하다. 궁극적으로는 '농촌 활성화'라는 하나의 목표로 귀결된다. 농촌 활력을 다시 높이는 것을 목표로 마을 단위 사업이 추진된다.

2016년 함양군이 농림축산식품부의 '농촌 중심지 활성화 사업'에 선정되면서 서하면에도 예산이 투입됐다. 100세 공동복지문화센터(10억 5800만 원), 실내 게이트볼장 조성(6억 4700만 원), 장수마을 회관(9억 4800만 원), 소재지 마실길 정비(2억 5300만 원), 무선마을 방송 시스템(7400만 원), 송계교 인도 개설(1억 3300만 원), 곶감어울림동산 조성(2억 6800만 원), 장수마을쉼터(1억 5900만 원), 지역역량 강화(9억 1200만 원) 등. 그러나 이토록 막대한 비용이 든 사업의 결과물은 허탈하기 그지없다. 그럴듯한 새 건물 하나가 덩그러니 지어져 있고 관리되지 않는 광장이나 공원은 덤이다. 송계마을의 100세 공동복지문화센터의 굳게 닫힌 문처럼 지역 곳곳에 빈 건물만 무성하다.

언론과 시민 단체는 지자체가 수십억을 들인 농촌 활성화 사업이 허울뿐인 세금 낭비에 불과하다며 비판을 서슴지 않는다. 당장 눈앞의 성과에 급급해 적당한 사례를 벤치마킹하는 안일함, 장기적 운영 계획도 없이 중앙 공모 방식의 사업을 졸속 추진하기 때문이라는 지적도 있다. 지자체의 입장도 조금은 억울할 것이다. 부푼 꿈을 안고 무엇이라도 해 보려 시작한 사업이지만 인프라도,

인구도 부족한 시골에서 운영할 이를 찾는 것도 쉽지 않은 일이기 때문이다. 저마다 살아남기 위한 몸부림이었지만, 효과적인 결과를 가져오지는 못했다. 각자도생의 결과다.

부동산공법을 배울 때 가장 기본이 되는 개념이 바로 '인구'와 '기반 시설'이다. 도시를 계획할 때 그 지역의 인구에 맞는 적정한 규모의 기반 시설을 어떻게 배치하는지에 따라 생활환경과 효율성이 달라진다. 주민이 많이 모여 사는 지역에는 상하수도를 깔기 쉽고, 버스나 지하철 같은 대중교통 시스템도 잘 갖춰진다. 학교나 병원, 공원 등 주민에게 필요한 시설도 배치하기 쉽다. 반대로 인구가 빠져나간 농촌에는 기본 인프라를 확충하기 어렵다. 투입 비용에 대비해 충분한 효율을 끌어낼 수 없기 때문이다.

주민들이 모여서 사는지, 흩어져서 사는지에 따라 효율 측면에서 차이가 클 수밖에 없다. 인구가 분산되고, 자원이 뿔뿔이 흩어져 있으면 활력 또한 분산된다. 인구가 줄어드는 데다, 주민들이 듬성듬성 사는 농촌의 시골 마을은 초등학교뿐만 아니라 도로·상하수도, 공공 시설, 문화·체육 시설, 보건 시설 등의 인프라 유지비용이 더 클 수밖에 없다. 이런 상황에서는 많은 수의 귀농·귀촌인이 들어와 살더라도 흩어져 있으면 농촌은 활력을 되찾을 수 없다. 지역의 사업도 탄력을 받을 수 없다.

마강래 교수는 〈지방도시 살생부〉에서 지방 도시가 물 먹는 하마가 될 거라고 진단했다. 지역의 작은 학교가 그러하듯, 이미 지방 중소 도시는 매우 비효율적인 구조로 변화하고 있다. 개인 차원에서는 인구가 적은 농촌에 사는 게 비용이 더 적게 들 순 있지만, 구조적 차원에서는 그렇지 않다. 인구가 꾸준하게 줄어든 농촌에서는 세수가 줄어들기 마련이다. 하지만 세출은 그만큼 줄일 수 없다. 도시 인프라는 유지되어야 하기 때문이다. 인구의 공간적 분포에 따른 효율성의 차이다.

> 외부의 도움이 없다면 쓰러질 지자체가 많다. 지방 소도시 자치단체들은 십중팔구가 그러하다. 인구가 빠져나가니 세수도 함께 줄어든다. 그러나 세출은 줄이지 못한다. 아무리 적은 인구가 살아도 상하수도, 도서관, 학교, 체육관, 공원, 병원 등은 계속 유지해야 하지 않겠는가.

'인구 100만 vs 3만, 곳간도 양극화. 작은 도시일수록 뭉쳐야 한다', 마강래, 서울신문, 2023. 2. 10

이어 마강래 교수는 가난한 지자체의 주민 1인에게 드는 세금이 전국 평균을 훌쩍 넘어선다는 점을 지적했다. 2022년을 기준으로 전국 모든 지자체 총예산을 합을 우리나라 인구로 나누면, 주민 1인당 세출(지자체의 세출을 주민 수로 나눈 금액)은 약 667만 원이다. 그렇다면 1인당 세출이 가장 높은 지역은 어디일까? 우리나라의 기초지자체 226곳 중에서 1인당 세출이 가장 높은 지역은 경북 울릉군으로, 주민 1인당 세출액이 무려 3500만 원에 달한다.

주민 1인당 세출이 2000만 원을 넘는 지역도 15곳이나 된다. 대부분 인구가 줄어들고, 곳곳이 허전해진 지역이다. 앞서 확인한 시골의 작은 학교 상황과 유사하다.

농촌 공간에 대한 장기적인 로드맵 없이 이 막대한 비용을 흩뿌린다면 우리나라의 미래는 어떻게 될까? 면부에 있는 시골 마을부터 하나씩 쓰러질 가능성이 크다. 그리고 그 여파로 부담해야 할 손실은 국민 모두의 몫이 될 것이다.

학교가 사라지면 어떤 일이 벌어질까? 더는 젊은 사람들이 들어오지 않고 마을은 사라질 위기에 놓일 것이다. 사람들이 떠나고 빈 건물이 늘어나면 마을 공간이 점차 슬럼화되고 남은 이들의 삶의 질은 더욱 떨어질 것이다. 최소한의 인프라도 유지할 수 없어 남은 사람들마저 이주해야 한다면 마을의 역사도 끊길 것이다. 마을을 회복시키는 데는 더 많은 노력과 비용이 들 것이다. 전국에 그런 마을과 지역이 늘어난다는 건 어떤 의미일까.

1960년대부터 1990년대까지 농촌의 인구가 중소 도시와 대도시로 유출되었다면, 1990년대 말 이후에는 중소 도시에서 대도시로의 인구 유출 흐름이 나타났다. 그간 주변 농촌 지역에서 인구를 흡수했던 지방 도시도 버티지 못했다. 이미 농촌의 인구가 빠질 대로 빠졌기 때문이다. 최근에는 지방 대도시에서 수도권으로 향하는 흐름이 더욱 두드러지고 있다.

국토 공간에서 이러한 인구 쏠림 현상이 더욱 가속화되면 집적의 불경제가 발생한다. 기반 시설이 부담 가능한 적정 수준의 인구를 초과하면 과밀 현상이 유발된다. 지역 간 격차가 커지고, 경쟁이 과열되며, 과밀 현상으로 정주 환경의 질도 떨어질 수밖에 없다. 대도시의 부동산 가격과 물가는 상승하고, 이를 부담하기 어려운 사람들이 주변 지역으로 이주한다. 직장과 주거지가 멀어져 직주근접을 실현하기도 어려워지고, 교통 체증, 환경문제도 유발된다. 서울을 중심으로 팽창해 온 수도권의 모습이 딱 이러하다.

이러한 현상이 계속되면 조금 과장해 수도권을 중심으로 인구 다수가 국토 절반에 모여 살고, 남은 국토 반은 버려지는 디스토피아가 펼쳐질지도 모른다. 이미 인구 절반이 수도권에 모여 살고 있으니, 지나친 과장이라 치부하기도 어렵다. 이제는 최소한의 임계 인구도 확보하지 못하는 지역이 많아졌다. 수도권 지역이 거대한 블랙홀처럼 모든 인구와 자원을 빨아들이는 동안 지방 도시 대부분의 쇠퇴 속도가 가속화됐다.

역대 정부는 수도권과 비수도권 간, 도시와 농촌 간 공간적 격차 문제를 완화하기 위해 다양한 노력을 기울여 왔다. 2003년 노무현 정부가 '국가균형발전위원회'를 발족한 것을 시작으로 균형발전 정책이 더욱 탄력을 받았다. 이명박 정부는 '지역의 글로벌 경쟁력 강화'를, 박근혜 정부는 '국민 행복과 지역 희망 제고'를, 문재인 정부는 '지방 분권형 균형 발전'을, 윤석열 정부는 '어디에 살든 균등한 기회를 누리는 지방 시대'를 목표로 지역 균형 발전을 도모했다. 그럼에도 상황은 쉽게 개선되지 않고 있다. 한번 기울어진 운동장을 되돌리기란 어려울 듯하다. 그렇다고 소멸하는 지방을 그냥 손 놓고 지켜볼 수만도 없다. 지방의 소멸은 결국 전 국민의 부담으로, 국가의 위기로 직결되기 때문이다. 도시와 농촌은 서로 긴밀하게 연결되어 있다. 농촌 마을이 사라지면 도시는 더 큰 사회문제를 떠안을 수밖에 없다. 농촌을 살리고 지방 소멸을 늦춰야 하는 이유가 여기에 있다. 국토의 균형 발전에 대한 방향을 바로잡는 것, 서하초의 이야기는 여기에서 시작되어야 한다. 도시와 농촌도 모두 대한민국이라는 한 울타리 안에서 밀접한 상호 의존성을 지닌 운명 공동체이기 때문이다.

도시계획 연구자가 바라보는 작은 학교와 지방 도시

서하초가 처했던 상황은 오늘날 대한민국 지방 도시 문제의 축소판과도 같다. 인구 부족과 유출에 따른 비효율성이 커지고, 이에 따라 악순환이 반복되는 동일한 문제에 봉착해 있다. 이러한 문제에 각자도생으로 생존 방안을 찾아 골몰한다는 점도 비슷하다. 지역민이 힘을 모아 작은 학교 살리기를 해 왔듯, 대다수의 지자체는 인구 소멸 위기에 저마다 발을 구르고 있다. '서하초 살리기' 프로젝트가 주변으로 퍼져 나갔듯, 조금이라도 효과를 보이는 대책이 있으면 너도나도 뛰어들어 같은 모델을 적용한다는 점까지 닮았다.

　작은 학교의 폐교가 마을의 소멸을 예견하는 첫 징후라는 점에서, 우리는 서하초를 더는 먼 시골 마을과 학교의 이야기라 치부하기 어렵다. 거시적으로 보았을 때, 서하초와 송계마을이 처한 상황은 주변 도시는 물론 행정구역을 뛰어넘는 광역 지자체, 나아가 국가 재정과 발전과 맞물려 있는 문제라는 점을 되짚어야 하지 않을까. 이제 시골 작은 학교를 둘러싼 논의는 단순히 통폐합이냐, 살리냐의 논쟁을 넘어서야 한다. 전문가들이 인구 감소와 재정 효율을 근거로 학생 수 기준으로 작은 학교의 통폐합을 추진하는 현재의 교육부 방침이 지역의 맥락을 고려하지 않은 무분

별한 정책이라고 지적하는 이유도 여기에 있다.

농촌에는 아직 사람들이 살고 있다. 교육을 누릴 권리가 있는 어린아이들도 있다. 경제 효율만 따지는 학교 통폐합은 농촌의 쇠퇴만 앞당길 것이다. 설령 앞으로 통폐합되고 마을이 사라지는 것이 막을 수 없는 운명일지라도, 소멸을 지연시키고 연착륙시키는 방식으로 생존을 도모해 국가가 지방 소멸로 입을 타격을 줄이는 것이 타당하다. 그것이 여전히 시골에 살고 있는 지역민의 삶을, 그리고 작은 학교에 다니는 아이들의 교육 권리를 보장하는 국가의 의무인 동시에 운명 공동체의 생존을 고려한 해법일 것이다.

'서하초 살리기' 프로젝트를 이끈 장원 소장은 이러한 '연착륙'의 한 방법으로 작은 학교가 구심점이 되어 해결의 실마리를 제시할 수 있다고 꾸준히 주장해 왔다. 학교도, 농촌도 없어지고 난 뒤에는 손쓸 수 없을 것이기 때문이다.

장원 소장 학교 살리기는 단순히 학교만 살리는 운동이 아닙니다. 저는 학교를 중심으로 마을을 살리려는 노력이 지방 소멸을 막을 수 있는 여러 방안 중 하나라고 생각합니다. 단순해요. 학교가 하나도 없는 면이 갈수록 많아질 거예요. 그런 면 지역의 모습을 우리가 잘 알지 않나요. 앞으로 그 지역의 미래는 어떻게 될까요. 학교가 사라지면 마을이 사라지는 거니까요. 지금도 그런 지역을 살리기 위해 많은 비용이 투입되고 있습니다. 작은 학교를 단순히 학교만의 문제로 보면 안 됩니다. 농촌을 포기하려면, 작은 학교를 통폐합하라고 말하고 싶어요. 학교가 문을 닫으면, 그 마을은 바로 없어지는 겁니다.

수도권에 집중된 인구 일부를 농촌 마을 곳곳으로 분산할 수 있다면 지방 소멸을 늦출 수 있다는 게 그의 판단이다. 장원 소장은 시골 학교는 저마다의 특색 있는 교육과정을 중심으로 도시의 학부모와 자녀를 모으는 저력이 있음을 강조하는 동시에, 이러한 학교 살리기 노력이 결국 지역 살리기와 맞물려 있다고 말했다. 오히려 작은 학교 살리기야말로 국토의 모세혈관 격인 시골 마을을 살리는 '가장 가성비 좋은 전략'이 될 수 있다는 것이다.

물론 인구 절벽을 겪는 현실에서 이 방법은 연착륙의 방안이 될 수 있을지는 몰라도, 근본적인 해결법이 될 수는 없다. 앞에서 확인했듯 서하초 살리기 모델이 일부 지역에는 유효할지 몰라도, 모든 지역으로 퍼져 나간다면 학교 간, 지역 간의 제로섬 게임이 될 것이기 때문이다. 여전히 서하초 모델의 지속 가능성에 의구심을 품는 시선도 많다. 지자체 사이에 학생 모시기 경쟁이 치열해져 학교가 무리한 혜택을 약속하는 상황이 발생하고 있다는 지적도 있다. 단국대학교 도시계획·부동산학부의 유정석 교수는 이런 식의 작은 학교 살리기는 지방의 폐교 문제를 해결하는 근본 대책이 될 수 없다고 일침하기도 했다.

유정석 단국대학교 도시계획·부동산학부 교수는 지방 소재 초등학교들의 주택 제공에 대해 "취지는 좋지만, 당장 폐교를 모면하는 임시방편에 그칠 것"이라고 말했다. 유 교수는 "혜택을 계기로 유입된 인구를 영구적으로 머물게 하기는 어렵다"며 "수도권이 아닌, 해당 지역에 머무는 것이 낫다고 느낄만한 요소가 뒤따라야 한다. 다양한 생활 제반시설 확충이 필요하다"고 조언했다.

'소멸 위기 초등학교 '입학하면 집 드려요' 근본적 문제 해결책이 될까', 한성주, 쿠키뉴스, 2019. 12. 20

작은 학교 살리기로 시골 마을에 활력을 불어 넣는 동시에 보다 큰 차원에서의 지역 변화가 선제되어야 한다. 소멸 위기의 농촌 마을이, 지방 도시가, 지자체가 제각각 재생 사업을 시행하며 제로섬 게임을 펼치는 것이 아니라, 거시적이고 유기적인 차원에서의 균형 발전 로드맵이 필요하다. 작은 학교와 지자체의 자발적 의지에서 시작된 노력과 더불어, 균형 발전 차원에서의 큰 계획이 양방향에서 이루어져야 한다.

학교는 마을을 살리는 불쏘시개가 될 수 있다

우리는 기존의 균형 발전 정책을 다시 검토하고, 사회 변화에 발맞춰 전 국토 차원에서 공간을 재편해야 하는 상황에 직면했다. 여기서 무엇보다 중요한 건, 우리가 처한 상황을 직시하고 인정하는 것에서 시작해야 한다는 점이다. 총인구가 감소하는 상황에서 한쪽으로는 인구와 자원이 쏠리고, 나머지는 텅텅 비어만 간다. 인구 자체가 줄어드는 것은 사실 큰 문제가 되지 않는다. 문제는 인구가 줄어들면서 발생하는 여러 부정적인 영향이다.

인구가 줄어들면 인구밀도도 덩달아 낮아진다. 버스 운영이나 병원 같은 의료 시설, 문화·체육 시설, 공공 시설 같은 생활 인프라의 효율성이 떨어지고, 유지조차 어려워진다. 이렇게 되면 지역의 정주 여건은 나빠지고, 이는 주민들의 삶의 질과 직결된다. 사람들은 조건이 더 나은 거주지로 이주하고, 다시 인구가 유출되는 악순환의 고리가 축적된다. 그렇게 대부분의 지방 도시가 쇠퇴하는 흐름은 걷잡을 수 없이 커져 왔다.

앞으로도 수도권으로의 인구 쏠림 흐름은 쉽게 꺾이지 않을 가능성이 크다. 이제 비수도권 지역에도 공간적 위계(대도시권-중·소도시권-농어촌 생활권)에 따른 공간 구조 재편이 필요하다. 한마디로 수도권 일극체제에서 지방 다극체제로의 전환이 필요한 것이다. 국가 차원에서는 지역마다 거점이 될 큰 도시를 만들어 기업과 인프라를 집중하고, 그 도시와 연계된 중소 도시를 중간 거점 삼아, 전국 곳곳에 모세혈관처럼 퍼져 있는 작은 마을까지 연결해 흩어진 인구와 자원을 재정비하고 효율성을 높여야 한다는 필요성이 꾸준히 제기되고 있다. 어쩌면 지금이 국토 공간에서의 변화에 발맞춰 자원을 적절히 재분배하고, 사회 전체의 편익을 극대화하는 방안을 모색할 수 있는 가장 빠른 시기인지도 모른다. 이 시기가 늦춰질수록 쇠퇴 도시의 문제를 해결하는 데 투입되는 노력과 비용은 더욱 늘어날 것이다.

농촌도 이러한 흐름에 맞게 재생 패러다임을 바꾸어야 할 때다. 우리는 서하초 모델이 주는 교훈에서 지속 가능한 농촌에 대한 실마리를 찾을 수 있다. 시골의 작은 초등학교는 마을 주민을 한데 모으는 중요한 시설로 기능한다. 송계마을 주민도 서하초를 중심으로 뭉쳐 왔고, 작은 기적을 이뤄 냈다. 초등학교는 모세혈관처럼 퍼진 마을의 작은 거점 역할을 하기에 적합한 공간이다. 자발적으로 일어나는 작은 학교 살리기는 공간의 정비와 재생은 물론 인구 유입에도 역할을 한다. 이러한 작은 학교 살리기를 농촌 재생의 한 축으로 삼는다면, 학교는 마을을 살리는 불쏘시개가 될 수 있다.

오늘날의 수도권 인구 쏠림 현상의 근본 원인은 어디에 있을까. 다양한 요인이 맞물려 있겠지만, 전문가들이 꼽는 가장 큰 요인은 경제적 요인, 즉 일자리 문제다. 지역에는 상대적으로 좋은 일자리가 없고, 사람들은 보다 좋은 기회를 찾아 대도시로 떠날 수밖에 없다. 기업과 청년 인구가 몰리는 곳에 기업이 모이고, 기업이 모이는 곳에 청년 인구가 몰린다. 그렇게 수도권은 점점 더 몸집을 불려 왔다. 이는 우리나라만의 현상이 아니다. 전 세계적으로 산업구조가 변화하면서 수위 도시로 인구와 자원이 쏠렸다. 대도시는 대도시끼리 경제, 사회, 정주 환경 등의 기능을 공유하면서 규모를 키워 나갔다. 수도권은 인구와 기업을 흡수하며 거대유기체가 되어 조직적으로 진화하고 있다.

수도권으로 모든 자원과 인구가 집중되자 지방의 붕괴를 우려한 비수도권 지역은 행정구역을 넘어서는 '초광역 협력'의 필요성에 공감했다. 국내외에서 지방 도시의 지자체는 생존을 위해 뭉치는 전략을 택했다. 일본은 도쿄에 대항해 오사카시를 중심으로 12개의 지자체가 연합했다. '간사이 광역 연합'이다. 영국도 '지역 연합'끼리, 프랑스도 '레지옹'끼리 뭉쳤다. 우리나라도 광역 자치단체장을 중심으로 뭉치는 움직임이 일어났다. 대전·세종·충북·충남은 '글로벌 신성장 엔진의 중심, 충청권 메가시티', 대구·경북은 '2040 글로벌 경제권, 통합 대구경북', 광주·전남은 '동북아 신성장의 시작, 광주전남 메가시티', 부산·울산·경남은 '부울경, 동북아 8대 메가시티'를 주창했다. 수도권에 버금가는 대도시권을 만들고, 인프라를 구축해 기업을 유치하고 일자리를 창출하는 등 경제 동맹으로 지역의 경쟁력을 회복하겠다는 계획이다. 그러나 지역 간 이해관계가 상충하거나 정치적 대립으로 치달아 아직까지 쉽게 진척되지 않고 있다.

이런 초광역권의 구축은 지방분권 강화와 지자체 간의 협력을 우선으로 한다. 지자체가 각자도생하는 방식으로는 수도권으로의 흡수를 막을 방법이 없다. 그러나 238만 명의 대구와 256만 명의 경북이 뭉치면 500만 명에 가까운 인구 규모를 확보할 수 있고, 부산·울산·경남이 뭉치면 800만 명에 이르는, 수도권에 대적할 만한 경제권을 형성할 수 있다. 그러면 비수도권 지역에서도 규모의 경제가 이뤄질 수 있다. 동남권에 또 하나의 수도권 같은 초광역권이 생긴다면, 주변 중소 도시와 농촌까지 숨통이 트일 것이다. 정부가 지자체의 연합을 지지하고 조율하는 데 앞장서야 하는 이유도 여기에 있다. 지난 2023년 9월, 윤석열 대통령은 부산 벡스코에서 열린 지방 시대 선포식에서 "말로만 지방 외친 과거 전철을 밟지 않겠다"라고 선포했다. 수도권과 동남권 양대 축으로 국가 경쟁력을 제고하겠다고 강조하기도 했다.

각자도생하는 비수도권 지자체의 정책적 노력이 무용지물인 가장 큰 이유를 꼽으라면, 도시의 힘을 모으는 에너지가 부족하기 때문이 아닐까. 한 지역이 힘과 활력을 지니기 위해서는 어느 정도 규모의 경제가 필요하다. 곳곳에 흩어져 있는 에너지를 한곳으로 모아야 한다. 그러지 않는다면 인구밀도가 지속적으로 낮아져 곳곳이 빈 채로 유지된다. 뿔뿔이 흩어진 취락은 제대로 된 기능을 할 수 없고, 도시가 쇠퇴하는 속도와 한계 마을로 향하는 속도는 더욱 빨라진다.

시대가 변했다. 산업이 달라졌고, 사람들의 생활양식도 달라졌다. 인구가 충분히 많고, 국가의 주요 기반 산업이 농업일 때는 농촌에도 영광의 시대가 있었다. 인구가 줄어들 대로 줄어든 농촌에서는 이미 최소한의 임계 인구조차 확보하지 못하는 곳이 대다수다. 비수도권 지역에도 인구와 경제 규모가 일정 수준 이상인, 규모의 경제를 도모할 수 있어야 한다. 초광역권 구축은 이러한 규모의 경제를 이룩할 첫 스텝이다. 그 규모의 경제가 주변 중소도시와 농어촌 지역까지 영향을 미칠 것이다. 그러고 나서 대도시권, 중소도시권, 농어촌 생활권이 저마다 분산된 인구와 기능을 모아 서로 연결되어야 한다.

국토 차원의 공간 재편 두 번째 방법은 '압축'이다. 학자들은 가장 먼저 흩어진 인구를 모아 밀도를 높이고, 인프라를 집적해 효율성을 높이는 스마트 축소 전략을 도입해야 한다고 입을 모은다.

'스마트 축소(shrinking-smart)'는 미국, 독일 등 우리나라보다 먼저 도시의 쇠퇴를 겪은 국가에서 도입한 도시 재생 방법 중 하나다. 경제성장이 더뎌지면서 2000년대 전후 유럽, 미국의 도시 계획가들이 '양적 성장'의 한계를 인정하고, '쇠퇴(decline)'라는 용어를 '축소(shrinking)'로 대체했다. 쉽게 말해 인구가 줄어들면서 작아진 도시의 규모에 맞추어 인프라를 개편하자는 의미다. 이를 위해서는 인구가 그렇게 많이 증가하지 않을 거라는 현실을 받아들이고, 이제는 인구가 계속해서 줄어들 수 있다는 사실을 받아들여야 한다. 최소한의 임계 인구를 확보하는 게 스마트 축소의 핵심 요지다. 있는 그대로의 현실을 인정하고 적절한 계획을 세워, 안정적인 인구댐을 확보하고 지역 주민의 거주 환경을 개선하자는 것이다. 그러기 위해서는 지역의 흩어진 인구와 각종 인프라가 집적될 필요가 있다.

스마트 축소와 비슷한 개념으로 '압축 도시(compact city)'가 있다. 압축 도시는 도시의 확산을 억제하고 기능을 밀집하는 고밀 복합 개발을 통해 효율성을 높이는 동시에 환경을 지키는 도시 모델이다. 이 또한 핵심은 흩어진 인구를 모아 밀도를 높이고 인프라를 집적해 효율성을 높이는 데 있다. 일본의 오카야마현 유바라시는 압축 도시의 성공 사례로 잘 알려진 대표적인 도시다.

일본의 오카야마현 유바라시는 압축 도시 계획에 성공하고 있는 대표적 사례. 탄광 시대 인구 10만이 넘던 이 도시의 현재 인구는 9000명에 불과하다. 인구가 줄며 빈집, 빈 상가가 늘어 도시가 슬럼화됐지만, 압축 도시 계획으로 많은 것이 바뀌었다. 인구 감소는 멈추었고, 도시는 작은 면적에 압축됐다. 도시 슬럼화도 해결되고 있다.
유바라시의 압축도시 계획 성공에는 스즈키 시장이 있었다. 그는 20년 후 유바라시 인구가 절반으로 줄 것을 전제하고 일본에서 처음으로 압축 도시 전략을 짰다. 사회기반시설이 특정 지역에 집중되게 하고, 사용하지 않는 학교는 농장, 양로 시설, 우체국으로 바꿨다. 공공 주택 건설과 낡은 주택 리모델링을 병행하며 이주 보상비를 주고 사람들을 도심 지역으로 불러들였다.

'이제는 압축 도시, 스마트 축소가 필요하다', 김순종, 단디뉴스, 2020. 1. 8

일본은 스마트 축소의 개념을 전 국토 차원에 적용했다. 2008년 총인구 1억 2808만 명을 정점으로 인구가 감소한 일본은 2014년 인구 감소 대응책으로 '국토 그랜드 디자인 2050'을 발표했다. 대도시는 도시끼리 연합하는 '슈퍼메가리전(Super mega-region)' 전략을, 지방 도시는 '작은 거점' 전략을 제안했다. 그리고 이를 실현하기 위해 '콤팩트 & 네트워크'를 전략 키워드로 삼았다. 콤팩트 & 네트워크는 인구가 감소하는 상황에서도 거점을 중심으로 생활 서비스를 효율적으로 제공할 수 있도록 서비스 시설을 집약화하고(콤팩트), 고차 서비스가 유지될 수 있는 인구 규모가 확보되도록 교통망으로 주변 지역과 연결하는(네트워크) 전략이다. 거점을 중심으로 규모의 경제를 창출하고, 최소한의 서비스 시설을 유지하는 것, 그리고 교통망으로 거점의 이익을 주변 지역과 연계하는 것. 이것이 인구 감소로 어려워지는 지방 도시가 속출하는 일본이 찾은 돌파구였다.

　전문가들은 일찌감치 우리나라에서도 이런 개념이 전 국토 차원에서 적용해야 한다고 강조해 왔다. 대도시는 대도시대로, 작은 도시는 작은 도시대로 저마다 압축 전략으로 효율을 높이고, 핵심 거점 도시와 작은 도시, 나아가 농촌 지자체까지 크고 작은 거점으로 서로 연결되면 대도시와 작은 도시가 결과적으로 공존과 연대할 수 있다는 것이다.

쇠락하는 도시들을 위해서라도 지방에 거점 대도시들을 키워야 한다. 정부는 이 대도시들이 수도권에 꿀리지 않을 만큼 커질 수 있도록 도와야 한다. 그러기 위해서는 나눠 주기식 지역 개발이나 새로운 도시 개발은 지양해야 한다. 기존 대도시의 공간구조를 더욱 압축화해서 집적의 이익을 더 누릴 수 있도록 독려해야 한다. 그리고 이렇게 성장한 몇몇 지방 대도시들이 자신들이 가진 자원을 주변 중소 도시와 나눌 수 있는 시스템을 구축토록 해야 한다.

〈지방도시 살생부〉, 마강래, 개마고원(2017)

일부 도시계획 전문가들은 전국 차원에서 '대도시권-중소 도시권-농어촌 생활권'의 3단 압축 전략이 필요하다고 주장한다. 이런 새로운 다극형 국토 공간 구조를 형성해 도시 간 도시 내 중복되는 기능을 최소화해야 한다는 것이다. 국토의 3단 압축을 통해 전국을 행정구역을 넘어서는 기능적 권역으로 묶고, 대도시, 중소 도시가 규모에 맞는 압축 전략으로 효율을 높이고, 각 도시의 연계를 강화할 수 있다. 인구의 분포와 지역 간 거리에 따라 적절하게 주거, 도로와 공원, 학교와 병원 등 주요 기반 시설은 물론, 지역 경제를 밑받침할 산업과 문화 시설까지 기능을 집적하고, 이런 대도시권의 거점에서 발생하는 집적 이익은 주변 중소 도시와 농어촌 지역과 나누어야 한다. 물론 주변 중소 도시와 농어촌도 각자 지역 실정에 맞는 나름의 압축 전략을 통한 공간 구조 재편이 필요하기는 마찬가지다.

중앙정부는 농촌을 활성화하기 위해 다양한 지원을 해 왔지만, 각각의 마을에서 점 단위로 시행되는 기존 사업 방식으로는 농촌의 미래를 바꾸기 어렵다. 단순히 사업 대상을 선정하고 지원하는 데서 그치는 것이 아니라, 큰 틀에서 농촌 전체 공간 단위(공간적 범위)의 연계를 고려해 설계할 수 있어야 한다. 농촌 안에도 인구의 절반 이상이 사는 중심지인 읍내, 주변 면부를 아우르는 '대장' 격인 중간 거점 역할을 하는 면 지역, 이외 행정구역상 면 단위의 '리'에 속하는 취락, 마을과 같은 공간 위계가 있다. 특히 송계마을 같은 배후 마을(과소화 마을)과의 연계성을 고려해 읍면 소재지의 거점 기능을 강화하는 게 무엇보다 중요하다. 이런 공간 위계를 고려해서 적절한 사업을 선별하고, 이런 방식의 계획에 기반해 행정적·재정적 지원이 이뤄져야 한다.

장원 소장도 서하초 살리기 프로젝트가 학교를 살리는 데서 그치는 것이 아니라 주변 마을인 서상면과 안의면 등과 힘을 합쳐 농촌 살리기에 나서야 한다는 이야기를 한 적이 있다. 초등학교뿐만 아니라 아이들이 진학할 중·고등학교를 중심으로 뭉쳐 생활권역을 정비하면 학교는 물론 농촌의 생존 수명이 더 길게 연장되고 안정화될 수 있다는 것이다.

농촌도 압축·연계 전략을 통해 공간 구조를 충분히 재편할 수 있다. 인구를 한곳으로 모으고, 자원과 기능을 집적하면 작은 거점을 중심으로 마을에 활기를 불어넣고, 행정의 효율성도 높아진다. 생활 편의의 기본이라 할 수 있는 의료, 영유아 보육·교육, 문화, 도서관, 체육 시설 등에 대한 '농어촌 서비스 기준' 접근성을 충족할 수 있도록 해야 한다. 이렇게 어느 정도 규모를 갖춘 후에는 주변 마을과 읍내를 아우르는 농촌 내부 네트워크 전략의 확대도 중요하다. 해외에서는 이미 다양한 영역에서 딜리버리(배달) 서비스가 널리 활용되고 있다. 최근 국내에서도 영화 관람이나 공연, 강좌 서비스는 물론, 산모를 위한 산부인과, 아이들을 위한 통학 버스, 노인을 위한 택시 등 '찾아가는 서비스'가 확대되고 있다. 이런 서비스의 효율을 높이기 위해서는 결국 마을에서도 사람들이 뭉쳐 살아야 한다. 마을 사람들이 모여 살고, 마을 사람들이 한곳으로 뭉칠 수 있는 '작은 거점'이 될 공간으로 시골의 작은 초등학교를 제시할 수 있다. 그리고 지역에서 해결할 수 없는 의료나 대학 교육과 같은 고차 기능은 주변 거점 도시에서 충족할 수 을 것이다.

함양군을 예로 들어 보자. 함양군의 전체 인구는 3만 8000명을 겨우 넘고, 인구 4000여 명이 넘는 안의면을 제외하면 나머지 9개 면에 각 1300~2300여 명의 주민이 흩어져 살고 있다. 각각의 초등학교와 면 단위에서 저마다 '학교 살리기'와 '농촌 살리기'에 집중하기보다 2~3개 면이 뭉쳐 밀도를 높이고 기반 시설을 정비하면 효율성을 높일 수 있을 것이다.

농촌 재생에서 중요한 또 하나의 핵심은 '지속 가능성'이다. 마을이 지속되려면 젊은 인구가 재생산되거나, 외부에서 유입되어야 한다. 이를 위해서는 주거는 물론 일자리와 정주 여건 개선이 필수다. 중요한 것은 이 세 가지 요소가 함께 연계되어야 한다는 것이다. 다른 요소를 채워도, 어느 하나가 부족하면 지속 가능성을 담보할 수 없다. 물론 농촌 마을 자체적으로 일자리 문제를 완전히 해결하기란 어려운 일이다. 그렇기 때문에 주변의 중소 도시, 대도시와 연계하는 것이 필수로 전제되어야 한다.

서하초 모델을 연구한 토지주택연구원도 농촌 재생 사업에는 '복합성'과 '연계'가 필요하다는 연구 결과를 내놓았다. 그리고 LH의 주 업무인 주거와 농촌에 부족한 문화·여가, 의료·복지, 보육·교육 등의 생활 SOC와 일자리를 패키지로 제공하겠다는 계획을 밝혔다. 2023년 정부가 공모한 '지역활력타운 조성 사업' 같은 사업 또한 귀농, 귀촌을 원하는 사람들에게 주거는 물론, 일자리, 문화, 복지 등의 기능을 모두 연계한 주거단지를 조성해 지속 가능성을 확보하고자 했다.

또 각각의 부처가 따로 사업을 진행하는 것이 아니라, 7개 정부 부처가 협력해 패키지 방식으로 농촌 지자체에 재정적 지원을 하기로 했다. 국토교통부는 귀촌인을 위한 타운하우스를, 문화체육관광부에서는 생활·체육 시설을, 보건복지부에서는 돌봄 케어 시설을, 중소벤처기업부에서는 일자리 제공 등을 지원한다. 부처가 협력해 사업의 중복을 줄이고 기능을 통합해, 보여 주기식이 아닌 제대로 된 지원을 하려는 좋은 시도로 평가받고 있다.

이제 농촌의 압축 전략을 통한 공간 구상의 큰 로드맵하에 이런 다양한 사업을 연계하는 시도가 필요하다. 그리고 이 시너지의 전제 조건은 농촌은 대도시나 주변 중소 도시에서 없는 걸 공략해야 한다는 점이다. 농촌은 도시와 경쟁 관계가 아니다. 그래서 경쟁력을 갖는다. 자연과 가까운 환경, 시골이기 때문에 누릴 수 있는 경험과 혜택 등이 그것이다. '농촌 유학'은 이런 장점을 잘 살려 성공한 사례다. 또 작은 학교를 중심으로 마을에 귀촌 인구를 유입한 서하초 사례는 작지만 강한 농촌의 지역 활성화 모델이다. 농촌의 매력을 충분히 활용해 시골 라이프스타일을 원하는 이들이 들어와 살 수 있는 모델이 많이 발굴되어야 할 것이다.

작은 학교를 마을을 살리는 작은 거점으로

다시 작은 학교 이야기로 돌아가 보자. 학자들은 지역의 구심점으로서 초등학교의 중요성을 강조해 왔다. 오랜 역사를 지닌 마을의 고령화, 과소화에 대응하는 데는 '하나뿐인 초등학교'가 지니는 의미가 크다는 것이다. 시골 마을 사람들은 오랜 세월 마을의 하나뿐인 초등학교를 중심으로 뭉쳐 왔다. 초등학교의 역사와 마을의 역사는 함께 간다.

마을 재생의 성공 사례로 널리 알려진 일본 가미야마의 사례에서도 시골 마을에서 학교가 얼마나 중요한지 확인할 수 있다. 가미야마 마을은 일본 도쿠시마현 외곽에 위치한 해발 1000m 높이의 산간 마을이다. 인구가 5000명이 조금 넘는데, 고령화율이 무려 50%에 달했다. 2008년경 당시 일본의 지방 도시 곳곳에서는 '지방 재생 전략 수립 팀'을 구성해 마을 재생 프로젝트를 진행했다. 가미야마 마을에서도 민관 연대의 지방 재생 전략 수립 팀을 꾸려 마을을 살리려고 했다.

간다 세이지는 자신의 저서 〈마을의 진화〉에 가미야마 마을의 재생의 과정을 자세하게 기록하고 있다. 재미있는 점은 전략 수립 팀이 프로젝트를 시작할 때 목표 인구를 설정한 방식이다. 이들은 매해 어린이를 포함한 44명의 전입자 유지를 목표로 삼았다. 44명은 바로 마을에 있는 초등학교가 복식학급이 되지 않게 유지하는 데 필요한 수치였다. 가미야마 마을에서는 '초등학교 유지'를 전제로 목표 인구를 역산한 것이다. 이들은 매해 20명의 이주자가 가미야마로 온다면 마을에 있는 초등학교 2개가 2035년까지 한 학년 한 학급이 유지될 수 있다고 판단했다. 그리고 이 목표 인구를 달성하기 위해 마을의 빈집을 젊은 이주민에게 제공하고, 창업을 장려했다. 도시의 IT 기업들이 마을에 위성사무실을 내고, 더 많은 젊은이가 마을에 터전을 잡게 됐다. 육아와 교육 프로그램을 강화했으며, 마을의 선주민과 교류하며 지역농산물 재배와 유통에도 힘썼다.

가미야마는 지금 2030세대가 귀촌하는 마을로 유명하다. 그것도 웹디자이너, 컴퓨터그래픽 엔지니어, 예술가, 요리사, 각종 공예품 장인 등 다양한 직업의 청년들이 몰려들고 있다. 2017~2021년 동안 매년 평균 122명이 이 마을로 입주했는데, 이주자의 70%가 아이들을 키우고 있는 2030세대다.

'소멸 문턱 섰던 일 산골마을, 2030 귀촌 행렬 맞이한 비결', 이춘재, 한겨레, 2022. 8. 8

시골 주민들에게 학교 유지는 그만큼 중요한 의미가 있다. 마을의 중추 역할을 하던 인프라가 퇴화하면 어떤 결과가 벌어질지는 뻔하다. 공동체의 연결망이 느슨해지고 서서히 기울기 시작한다. 학교는 마을의 쇠퇴를 막고 사람을 모으는 역할을 한다.

도시가 힘을 발휘하는 이유는 밀도가 높기 때문이다. 도시의 에너지는 고밀도의 집약된 공간에서 나온다. 시골도 마찬가지다. 아무리 인구를 늘리더라도 뿔뿔이 흩어져서는 효율을 높이기 어렵다. 서하초 프로젝트를 진두지휘한 장원 소장도 줄곧 밀도가 집약된 공간, 앵커 공간의 중요성을 강조했다. 장원 소장은 작은 학교를 중심으로 밀도를 집약하면 학교도, 마을도 활력을 되찾을 수 있다고 강조했다. 처음에는 폐교를 유예하고자 하는 절박한 마음에서 비롯한 감성적인 이야기가 아닐까 하는 의구심도 있었다. 그러나 그는 이미 시골의 하나뿐인 작은 학교가 '작은 거점' 역할을 할 수 있다는 통찰력을 보여 준 것은 아닐까. 장원 소장은 그런 기능을 하는 작은 학교가 폐교된 채 방치되거나 고령화된 마을과 융합되지 않는 모습으로 운영되는 것에 대한 안타까움을 토로했다.

장원 소장 학교가 많이 폐교되고 있는데, 사실 학교 부지가 마을에서 가장 명당이에요. 폐교된 학교는 흉가처럼 방치되거나, 임대해서 다른 시설로 탈바꿈하죠. 그야말로 마을과 전혀 조화를 이루지 못해요. 그렇게 좋은 명당이 방치된다는 게 안타깝습니다. 학교가 문을 닫으면 밀도는 낮아지고, 마을의 활력을 되찾기 어려워질 겁니다. 고향을 떠난 지역 주민이나 외부인이나 다시 마을로 들어올 가능성은 점점 없어지는 거죠. 우리 사회는 미래에 대한 답을 찾을 수 없는 시골 마을에서 '학교'라는 공간이 지니는 의미와 중요성을 등한시하고 있는 게 아닐까요.

그는 학교를 중심으로 교육 밀도, 인구 밀도, 경제 밀도, 의료 복지 밀도, 문화 밀도 등 다섯 가지 밀도를 집약해야 한다고 말했다. 나는 이런 방식의 마을 살리기는 외부 인구 유입을 위한 다른 농촌 살리기 방식과는 다른 차별점이 있다던 그의 주장을 비로소 이해했다.

지역 맞춤형 농촌 재생 모델

내가 속한 연구실은 LH 경남지역본부 지역균형개발부와 함께 '함양군 지역 맞춤형 농촌 재생 모델'을 구상했다. '서하초 살리기'가 단초가 된 것이다. 교육을 위한 귀촌 인구에게 일자리와 정주 환경을 조성하고, 자녀가 초등학교를 졸업한 후에도 머무를 수 있도록 공간적 연계 전략을 단계별로 수립했다. 모델의 콘셉트는 '생애 주기형'으로 잡았다. 서하초로 전학 온 아이들, 아이들을 보고 온 학부모, 귀농·귀촌한 젊은 청년은 물론, 지역에 사는 중·고령자까지. 어린이에서 청년, 청년에서 노인으로 이어지는 생애 주기를 고려했다. 이런 구조가 초등학교 살리기에서 한발 더 나아가 함양군을 되살리기 위한 농촌 활성화 방안 중 지속 가능한 대안이 될 수 있다고 판단했기 때문이다. 공간적 범위는 서하면, 안의면, 함양읍으로 정했다. 이후 함양군도 '함양군 살리기 TF'를 꾸렸다. 서하초에서 시작된 이야기가 함양군 살리기 논의로 이어진 것이다. 여기에는 함양에 사는 이들도, 시골로 이주한 도시민도 함께 잘 살 수 있는 함양군을 만들어 보겠다는 야심 찬 포부가 담겨 있다.

서하초 살리기를 모델로 삼았을 때, 초등학교를 중심으로 귀촌한 이들을 대상으로 3단계 전략을 제시할 수 있다.

1단계는 함양군에서의 '탐색기 → 준비기' 단계다. 대상지는 이 프로젝트의 단초가 된 서하면이다. 과소화 마을을 중심으로 '초등학교 중심의 교육 연계형 마을 생활권 조성'을 목표로 잡았다. 일찌감치 일본은 인구가 줄어들 대로 줄어든 시정촌을 대상으로 이런 초등학교 중심의 생활권 기능을 강화하는 시도가 있었다. 그 예로 '집락 생활권' 개념을 들 수 있다. 집락 생활권은 주로 농산어촌 마을 10~11개를 연계한 생활권으로, 초등학교 또는 중학교 학군으로 엮인 마을을 모아 일상 생활권을 구상하는 개념이다. 효고현 사요촌 에가와 지구는 구 초등학교 생활권을 기준으로 11개 마을로 구성되어 있다. 인구 규모는 1300명 정도다. 서하면의 규모와 얼추 비슷하다. 에가와 지구는 운행이 정지된 버스 재운영, 농협 유지를 목표로 잡고 다양한 정책을 추진했다. 여기서 핵심은 초등학교나 중학교 생활권을 중심으로 경로당, 보건 지소, 상점 등을 집적해 여러 개의 마을에 작은 거점을 만드는 것이다. 서하초는 주변의 다른 마을과 생활권을 연계하는 작은 거점으로 기능할 수 있다.

　　2단계는 '교류기 → 심화기'로 넘어가는 단계다. 초등학교로 전입한 가구에도, 귀농·귀촌한 청년에게도 서하면은 한계가 있는 곳이다. 규모가 보다 큰 지역과 연계되어야 한다. 프로젝트의 범위를 확장했다. 서하면에는 초등학교 하나뿐이라, 서하초를 졸업한 아이들은 대개 인근에 있는 서상중·고등학교에 진학한다. 서상면, 서하면보다 규모가 좀 더 큰 안의면에는 서하면에 없는 시장, 학원, 사우나, 태권도 체육관, 빵집, 프랜차이즈 치킨집, 피자집도 있다. 농공단지나 산업단지도 일부 있다. 커뮤니티 센터인 '행복안의봄날센터'도 있다. 행복안의봄날센터에는 작은 도서관, 유아방, 동아리방, 취미교실방 등이 있다. 일부 서하초 학부모들은 센터에서 할 수 있는 다양한 프로그램도 계획했다. 몇 년 후에는 안의면에 60호 규모의 공공 임대 아파트도 들어설 예정이다. 번듯한 아파트라고는 조그만 맨션, 빌라가 전부인 안의면에 60호 규모의 아파트가 들어서면 지역 주민뿐 아니라 더 많은 이들이 들어와 정착할 수 있다. 서하면에서 해결할 수 없는 여러 저차 기능을 집중해 중간 거점 기능을 강화하는 게 2단계의 핵심이다.

마지막 3단계는 '독립기 → 정착기' 단계다. 3단계의 핵심은 '일자리'다. 많은 이가 고향을 등지는 이유는 다양하다. 가장 중요한 이유는 일자리가 없어서다. 더 정확히 말하자면 '좋은 일자리'가 없기 때문이다. 현실적으로 농촌 지자체에 대기업이나 중소기업이 들어와 많은 일자리를 창출하는 게 어려운 사실이라면, 시골만의 질 높은 일자리를 발굴할 수 있어야 한다. 함양군은 관내 투자선도지구로 지정된 산업단지에 물류단지를 조성해 지역의 거점 일자리 기반을 마련하기로 했다. 주변 대도시나 중소 도시와의 교통 기능을 강화해, 초광역권 단위의 핵심 일자리 기반을 공유하는 것도 좋은 대안이 될 수 있다. 농촌만의 일자리가 최소한으로라도 갖춰진다면, 이 프로젝트가 안정적으로 연착륙할 수 있을 것이다.

　이런 모델이 잘 구현된다면, 서하초 모델을 이미 벤치마킹한 수많은 초등학교뿐만 아니라 전국의 많은 농촌 지자체도 변화를 기대할 수 있지 않을까. 그렇게 된다면 작은 학교 살리기는 농촌 지자체가 골몰하는 출산율 높이기 정책보다 더 큰 효과를 가져올 수 있을 것이다.

　농촌도 변화와 혁신 없이는 버틸 수 없다. 혁신은 어느 날 갑자기 생각난 파격적인 아이디어로 생기지 않는다. 농촌의 아름다운 자연, 맑은 공기, 탁 트인 공간, 여기에 농촌에 맞는 일자리가 더해지고 교육이 더해진다면 지금까지 경험해 보지 못한 농촌을 경험할 수 있을 것이다. 의료나 대학 교육 등 농촌에서 할 수 없는 기능은 인근 대도시권과 연계해야 한다. 작은 학교와 주민들의 염원만으로는 어려운 일이다. 그러나 마을과 마을이 손을 잡고, 지자체가 나서고, 초광역적 협력이 이루어진다면 불가능한 일은 아니다. 농촌도 얼마든지 진화할 수 있다.

서하초가 쏘아 올린 작은 공

얼마 전 다시 함양을 찾았다. 매번 연구실 식구들과 함께 방문해서 혼자는 처음이었다. 함양에서는 학교 살리기가 단초가 되어 지역 살리기가 한창 진행되고 있었다.

다시 만난 장원 소장은 3년 전 폐교 직전의 서하초 살리기를 시작할 때부터 작은 학교 살리기가 지방 소멸에 대응하는 방안이 될 수 있다는 확신이 있었다고 말했다.

장원 소장 농촌의 작은 학교 살리기가 재미있는 게, 초등학생들과 젊은 학부모 이외에 귀촌을 꿈꾸던 많은 사람들이 한 번쯤 생각해 보고, 실현하는 발판을 만들어 줄 수 있다는 점이라고 생각합니다. 농촌이 예전처럼 오지가 아니잖아요. 사실 제 지인들은 아직까지 나비축제는 언제 하냐고 해요. 거긴 함평이거든요. 그만큼 함양의 인지도가 낮았어요. 그런데 서하초 살리기가 알려지면서 많은 사람이 함양을 알게 됐어요. 귀촌을 꿈꾸던 사람들이 따라 들어와요. 서하초가 살고 나서 안의중이 작년에 3학급이었다가 5학급이 되었어요. 서하초 졸업생들이 안의중이나 서상중으로 가거든요. 이런 걸 보면 학교 살리기가 지니는 부수적인 효과는 아마 돈으로 환산할 수 없을 정도로 큰 효과를 발휘할 거라고 생각합니다.

시골 마을 초등학교의 쇠락은 지금까지 정해진 미래로 취급되었다. 시골 초등학교에 대해 쏟아져 나오는 연구는 '학교 살리기'보다 '폐교 활용 방안'에 집중되어 있다. 하지만 이제는 달라질 것이다. 시골의 작은 학교를 통해 미래를 만들어 갈 방법을 찾았기 때문이다. 도시와 농촌이 서로를 존중하며 발전하는 미래는 우리가 어떤 상상을 하는지에 따라, 그리고 어떤 의지를 갖는지에 따라 달라질 것이다.

장원 소장 지역 살리기의 단초가 되어 준 건 서하초였어요. 학교가 되살아나면서 마을 또한 되살아났어요. 이후 서하에는 청년 레지던스 플랫폼이 들어서고, 마을에서는 기존 주민과 아이들, 귀촌 체험을 하러 온 젊은 청년, 청년 활동가, 학부모 등 여러 세대가 자연스레 어울리고 있죠. 마을에는 공연도 하고, 장도 열려요. 한적하던 송계마을이 활력을 되찾았고, 나아가 함양군에도 긍정적인 움직임이 나타나고 있죠. 작은 학교는 그런 힘을 지닌 자원이었던 것입니다.

그는 이러한 변화가 학교나 공유 공간 같은 하드웨어 차원에서의 논의에서 그치면 안 된다는 점도 강조했다. 학교를 살렸으면, 그 학교를 중심으로 마을이 떠들썩해져야 한다는 것이다. 학부모, 지역에 들어와 기회를 엿보는 청년, 마을 선주민이 교류할 수 있는 여러 프로그램도 있어야 하고, 커피 한잔하며 마을의 미래를 그릴 수 있어야 한다. 그런 교류가 쌓이고 의지가 모였을 때 함양군은 또 다른 기적을 낳을 수 있을 것이다.

살고 싶은 마을, 살고 싶은 농촌

인간의 행복감에 대한 가장 흔히 볼 수 있는 설문 조사는 '당신은 전반적으로 어느 정도 만족하십니까?'라는 질문에 5점 척도에서 답하는 것이다. 1점은 매우 불행, 2점은 약간 불행, 3점은 보통, 4점은 약간 행복, 5점은 매우 행복 중 하나를 택하는 방식이다. 학자들은 이를 '주관적 삶의 만족감(subjective-wellbeing)'이라고 부른다. 자신의 삶에 어느 정도 만족하는지에 대한 스스로의 평가니 '행복감'과 같은 말이다. 행복에 관한 연구는 심리학 분야에서 가장 많이 이루어진다. 하지만 경제학에서도 만만치 않은 분량의 행복 연구가 나오고 있다. 경제학자들은 행복을 '효용(utility)'이라고 부르는데, 효용에 영향을 미치는 요인도 경제학의 주된 관심사이기 때문이다. 인간의 행복에 영향을 미치는 요인은 참으로 다양하다. 소득, 직업, 교육, 건강, 사회적 관계, 결혼 여부, 자녀 등 수많은 요인이 영향을 준다. 행복감에 영향을 주는 요인에 대한 분석을 살펴보면 크게 세 가지를 꼽을 수 있다. '경제적 영역', '건강의 영역', '사회적 관계'의 영역이다. 세 가지 가운데 하나만 부족해도 인간은 쉽게 불행해진다. 인간이 행복하기 위해서는 어느 정도의 돈도 있어야 하고, 아프지 않아야 하고, 주변에 같이 놀 수 있는 사람이 있어야 한다. 이 중 어느 하나라도 결핍되면 행복의 균형은 깨지기 마련이다.

우리는 농촌과 도시를 비교하기에 앞서 사람들이 살고 싶고, 살기 좋은 마을이란 어떠한 모습인지 생각해 봐야 한다. 안정적인 주거 공간, 일자리가 많고, 교육 환경이 좋은 곳, 아플 때 갈 수 있는 병원이 멀지 않은 곳에 있고 생활을 위한 쇼핑이 편리하며 다양한 볼거리와 먹거리, 즐길 거리가 있으면 더욱 좋다. 시골에 사람이 많아지려면 우선 시골이 살기 좋고, 살고 싶은 공간이 되어야 한다. 그러니 '이 중 하나쯤 빠지면 어떠랴' 하는 생각으로 시골 재생을 꾀했다가는 실패하기 일쑤다. 누군가는 시골에 살면서 욕심을 비우라고 말할 수도 있겠다. 하지만 개개인의 행복이 단지 욕심을 내려놓으면 해결될 문제라 말할 수 있을까.

농촌에 사는 사람들이, 농촌에 살러 오는 사람들이 도시와 같은 환경을 누릴 수는 없다. 이들도 도시와 똑같은 환경을 원하는 건 아니다. 농촌은 도시와 같은 공간이 될 수 없다. 그렇게 되어서도 안 된다. 고유의 지역색을 잃고 천편일률적인 도시를 바라는 사람은 그 누구도 없을 것이다. 하지만 농촌에서도 최소한의 도시 기능을 누릴 수 있어야 한다. 이 기능을 갖출 때 비로소 자연, 느림, 풍요로움과 같은 농촌만의 매력이 극대화될 것이다. 그러기 위해선 어느 정도의 불편은 감수하더라도, 사람들이 그 공간을 선택할 만한 필수 요소를 갖추어야 한다. 이 필수 요소는 바로 주거와 일자리, 문화다. 아이 하나만 바라보고 평생 시골에 살 수는 없다. 주거는 물론 자신의 일과 경력, 취미와 친구까지 인간이라면 누구나 지니고 있는 기본 욕구가 충족될 때 사람들은 함양에서 보내는 여생을 머릿속에 그릴 수 있을 것이다. 서하초가 작은 성공을 거둘 수 있었던 것은 바로 이 지점을 명확하게 짚었기 때문이다. 초기 사업화 콘셉트 단계부터 프로젝트에 온 힘을 쏟은 정승태 부장은 이렇게 말했다.

정승태 부장 처음 이 프로젝트를 맡고 함양군에 첫 발을 딛었을 때를 생각해 보니, 농촌 살리기에서 가장 중요한 질문은 딱 하나더라고요. '나라면 여기서 살까.' 저는 태어나서 군 단위에 살아 본 적이 없어요. 농촌을 잘 몰랐죠. 나 같은 사람도 들어와 잘 살 수 있는 농촌이면 되겠다는 생각이 들더라고요. 귀촌을 마음에 품은 이들이 잘 살게 끔 만들어 주면 지역 주민도, 젊은 사람들도 시골에서 살 수 있다는 생각이 더 널리 퍼지겠죠. 결국 마을을 중심으로 새로운 농촌 공동체를 정립해야 할 때라고 생각해요.

정승태 부장은 서하초 살리기 프로젝트를 종종 '서하초가 쏘아 올린 작은 공'이라는 표현으로 빗대곤 했다. 공은 한번 떠오르면 중력의 법칙으로 예외 없이 떨어지고 만다. 서하초 살리기의 결과도 섣불리 단정 지을 수는 없다. 당장 10년 후, 20년 후 송계마을이 어떤 모습으로 변할지 알 수 없다. 그는 학교, 지역 주민이 어렵게 쏘아 올린 공이 유지되기 위해서는 앞으로 더 많은 관심이 필요할 것이라고 힘주어 말했다. 상당히 오랜 기간에 걸쳐 마을의 쇠퇴가 진행된 만큼 회복하는 데는 더 많은 시간과 노력이 필요하다는 것이다.

서하초 살리기가 언론에 대서특필된 지도 3여 년이 흘렀다. 반짝 세간의 관심을 받으며 기대감에 부풀었던 마을의 분위기도 최근엔 조금 차분해진 것 같다. 3년 전과는 상황도, 분위기도 많이 달라졌다. 인터뷰를 해 주었던 승우 씨와 사랑 씨 가족은 여전히 서울과 함양을 오가며 산다. 오히려 처음보다 함양에 머무는 시간이 더 줄었다고 한다. 다른 이주 가족의 상황도 마찬가지다. 도시와 동떨어진 채 함양에서만 머무는 이들은 거의 드문 듯하다. 작은 학교 살리기가 비교적 활발하게 추진된 해남군 북일면에서도 귀촌한 이들 중 4분의 1이 다시 도시로 돌아갔다는 기사가 났다.

주민들 사이에 고소·고발이 이어진 곳들도 있다.

승우   사실 마을 주민 사이에서도 우리를 환영하는 분들도 있지만, 여전히 언젠가는 떠날 외부인으로 생각하는 분들도 많아요. 기존에 살던 주민이 받아야 하는 혜택을 우리가 다 받고 결국 떠나는 거 아니냐고 말씀하시는 분도 있었어요. 그런 크고 작은 말에 상처를 받아 역귀촌을 고려하는 이웃도 있고요. 진짜 노력하고, 뭉쳐야 하는 순간은 오히려 지금부터가 아닌가 싶어요. 한때 이뤄낸 성과에 만족하는 게 아니라, 진짜 정착이 가능하도록 노력이 계속되어야 한다고 생각해요.

승우 씨는 얼마나 언론의 관심을 이끌었는지, 그래서 몇 명이나 시골에 이사 왔는지가 중요한 것이 아니라 시골살이를 시작한 이들이 계속 살아갈 동력이 유지되고 있는지, 정착 과정에 문제는 없는지, 기존의 주민 공동체와 잘 화합하는지 등에 대한 후속 논의도 계속해서 필요하다고 덧붙였다.

승우   우리 가족은 아직 떠나겠다는 생각은 하지 않고 있지만, 또 언제든 떠날 수도 있겠다는 생각은 늘 가지고 있는 것 같아요. 서로 문화와 생활양식이 전혀 다른 사람들이 모여 살다 보니까 부딪히는 경우가 많은데, 우선 아내와 저부터 농촌 환경에서 사는 방법을 터득하려고 해요. 저는 마을 청소하는 날에 새벽 3시에 서울에서 출발해 참여하기도 했어요. 조기축구회도 나가고요. 최근 아내는 주간함양 기자도 되었습니다(웃음). 지역사회와 어떻게든 같이 뭔가 해 보려고 노력하는 거죠. 서로 부대껴 가며 점점 더 좋은 방향으로 만들어 나갈 수 있으면 좋겠어요. 당장 2~3년 안에 모든 걸 해결할 수는 없겠지만, 이런 노력이 모이면 우리뿐만 아니라 더 많은 사람이 함양에서 오래 머물 수 있지 않을까요?

서하초가 쏘아 올린 작은 공을 의미 있는 변화로, 결실로 이끌기 위해서는 지자체도, 기존 선주민도, 입주민도 자성적 노력이 필요하다는 승우 씨의 말을 들으며, 나는 서하초 살리기는 여전히 현재진행형이라는 것을 실감했다. 지금의 상황이 어쩌면 한숨 돌린 수준일 수도 있고, 생명을 조금 연장한 수준에 그칠 수도 있을 것이다. 앞으로 송계마을의 운명이 어느 방향으로 바뀌어 나갈지는 전적으로 우리 모두가 하기 나름 아닐까. 승우 씨는 얼마 전 서하초 운동회에서 계주를 하면서 이런 생각을 했다고 한다. 3년 전, 학생모심위원회를 중심으로 서하초를 살린 이들이 있어 오늘이 만들어졌다면, 이제 그 바통을 이어받아 마을 선주민과 새로 정착한 주민들, 나아가 지역사회가 함께 새로운 미래를 만들어 나갈 수 있다고 믿고 싶다고. 그의 이야기를 들으며 나 역시 믿고 싶어졌다. 마을에 애정을 갖고 살아가는 많은 사람의 마음이 모여 서하초의 위기를 극복했듯, 각자의 자리에서 고군분투하는 여러 사람의 마음이 모여 더 나은 농촌의 미래를 열어 갈 것이라고.

이 책을 쓰는 과정에서 여러 사람의 도움을 받았다. 서하초 이야기를 전해 준 정승태 부장님, 낯선 이방인에게 기꺼이 진솔한 이야기를 들려준 장원 소장님과 신귀자 교장 선생님, 승우 씨와 사랑 씨 가족, 정대훈 회장님과 유태성 이장님, 함양군청 관계자분들께 진심을 다해 감사의 마음을 전하고 싶다. 마을의 미래를 바꾸기 위해 노력한 이들의 이야기가 독자에게 잘 전달되길 바란다. 독자 한 사람, 한 사람의 관심이 더해졌을 때 비로소 우리 사회는 농촌의 미래를 그려 볼 수 있을 것이다. 함께 연구를 진행한 마강래 교수님과 연구실 식구들에게도 감사의 인사를 전한다. 이 책이 농촌을 떠난 이들은 물론 아직 농촌을 경험하지 못한 이들, 그리고 여전히 농촌을 지키고자 하는 이들에게 작은 희망과 대안을 제시할 수 있었으면 한다. ◉

도서출판 남해의봄날. 로컬북스 29
이웃한 지역이라도 자세히 들여다보면 서로 다른 자연과 문화, 아름다움을 품고 있습니다.
독특한 개성을 간직한 크고 작은 도시의 매력, 그리고 지역에 애정을 갖고 뿌리내려 살아가는
사람들의 이야기를 남해의봄날이 하나씩 찾아내어 함께 나누겠습니다.

시골을 살리는 작은 학교

초판 1쇄 펴낸날 2023년 11월 30일

지은이	김지원
고마운 분들	신귀자 교장 선생님, 장원 소장님, 정승태 부장님,
	승우 씨와 사랑 씨 부부와 네 명의 아이들, 정대훈 회장님, 유태성 이장님,
	마강래 교수님과 연구실 식구들
편집인	박소희책임편집, 천혜란
교정	이정현
마케팅	이다석, 추예은
디자인	로컬앤드
종이와 인쇄	미래상상
펴낸이	정은영편집인
펴낸곳	(주)남해의봄날
	경상남도 통영시 봉수로 64-5
	전화 055-646-0512
	팩스 055-646-0513
	이메일 books@namhaebomnal.com
	페이스북 /namhaebomnal
	인스타그램 @namhaebomnal
	블로그 blog.naver.com/namhaebomnal

ISBN 979-11-93027-21-9 03300
©김지원, 2023

남해의봄날에서 펴낸 일흔다섯 번째 책을 구입해 주시고, 읽어 주신 독자 여러분께 감사의 마음을
전합니다. 이 책은 저작권법에 따라 보호받는 저작물이므로 무단 전재와 무단 복제를 금하며
이 책 내용의 전부 또는 일부를 이용하려면 반드시 저작권자와 남해의봄날 서면 동의를 받아야 합니다.
파본이나 잘못 만들어진 책은 구입하신 곳에서 교환해 드리며 책을 읽은 후 소감이나 의견을 보내
주시면 소중히 받고, 새기겠습니다. 고맙습니다.